絵と文で味わう

# 日本人のしきたり

こころ豊かに暮らす知恵

飯倉晴武
［監修］

青春出版社

# はじめに

四季の自然に恵まれた日本は、季節の移り変わりを非常に大切にしてきました。農耕を主な生業《なりわい》とし、そのために一年を二十四分割した「二十四節気《にじゅうしせっき》」で季節の変化を正確にとらえ、それを日々の暮らしにも生かしていました。

そして、お正月、ひな祭り、端午の節句といったハレの日を一年のうちにいくつも置くことで、日々の生活に変化と潤いを与えてきたのです。

さらに、人生の節目節目にも、さまざまな行事を行ってきました。出産の無事を祝う「お七夜《しちや》」から始まり、成長していく過程での七五三や成人式、そして長寿の祝いなど、それぞれの節目を祝いつつ、自分たちの祖先に深く感謝し、代々の繁栄を祈ってきました。

そうした生活の中から、礼儀作法も生まれました。訪問の際、食事の際、祝い事や見舞いの際など、いろいろな場面での作法が生まれ、親から子へと受け継がれてきたのです。それらは決して堅苦しいものではなく、日本人が長い歴史の中で培ってきた人間関係の知恵でもありました。

現在、そうした伝統行事や作法の多くが忘れられつつありますが、いまだに私たちの生活に息づいているものも少なくありません。たとえば、ふだんは日々の生活に忙殺され、伝統とは無縁でいても、正月には鏡餅を供え、神仏に一年の幸福を祈ったりしています。また、厄年《やくどし》には社寺に出向いてお祓《はら》いを受けたり、大安・仏滅の暦注《れきちゅう》にしたがって、結婚式や葬式の日取りを決めたりすることもあります。

本書では、このような年中行事やしきたりを紹介するとともに、その歴史的な由来や、そこに込められた意味を探ってみました。さまざまな伝統行事や日常的な作法が忘れられ、また、形骸化《けいがいか》していく中で、もう一度それらの原点に触れてみることが大事ではないでしょうか。

今回は、おかげさまでシリーズ累計150万部を超え、多くの皆さまに読み継いでいただいている『日本人のしきたり』『日本人 数のしきたり』『日本人 礼儀作法のしきたり』をもとに一冊にまとめ、イラストや図版を加えてさらに読みやすくしました。

本書が、自然そのものに感謝をし、ともに生きてきた日本人の豊かな人生観を再発見するきっかけになればと願っています。

飯倉晴武

# 目次

---

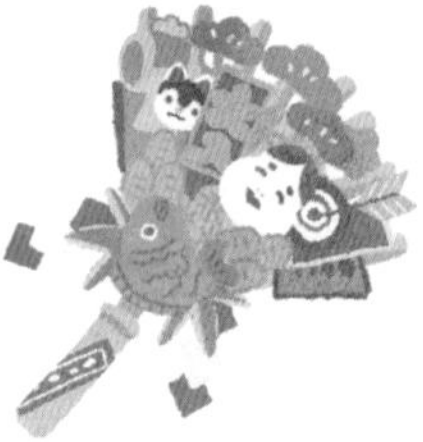

## 十二月／師走《しわす》



### コラム



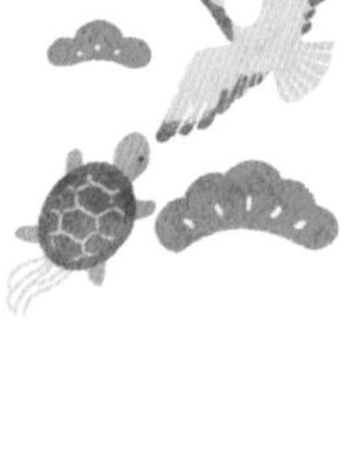

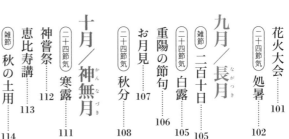

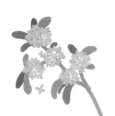

第二部 知っておきたい礼儀作法

## 訪問・接客のしきたり



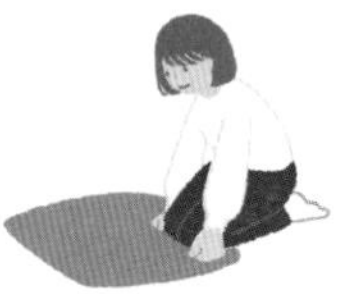



## 日常生活のしきたり



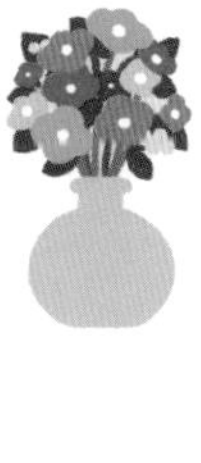

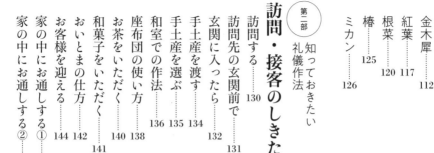

## 手紙のしきたり



## 食事の席のしきたり

## 祝い事のしきたり



## 結婚・婚礼のしきたり



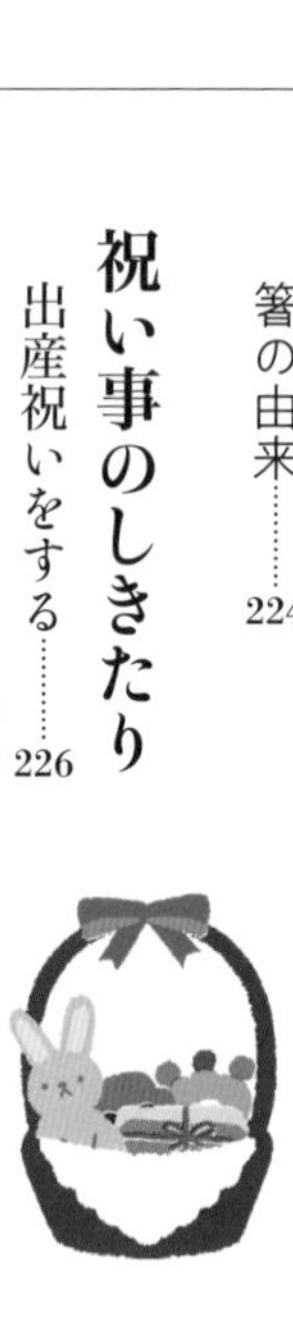

## 懐妊・出産のしきたり

## 葬式・法事のしきたり



※「しきたり」は時代、地域、家風などにより、異なる伝統や言い伝え、解釈があります。

# 旧暦

## 月の満ち欠けによる太陰暦に太陽暦の要素も取り入れた昔の暦

日常生活を送るうえで、暦は欠かすことができません。どの家にも壁にはカレンダーがかけられており、持ち歩く手帳にも必ずといっていいほど、暦が記載されています。当然、昔の日本人も、暦を日常生活の目安としていました。

現在、私たちは地球の公転にもとづく新暦(太陽暦／グレゴリオ暦)を使用していますが、かつては古代中国から伝わった旧暦を用いていました。旧暦の基本は、月の満ち欠けをひと月とする太陰暦でした。

しかし、月の満ち欠けの周期は約二十九日ですから、地球の公転による季節の変化とはズレが生じ、農作業をするうえで不便が生じます。そこでこのズレを埋めるために、太陽の一回帰年を二十四等分した「二十四《にじゅうし》節気《せっき》」と呼ばれる季節の区分が加えられるようになりました。さらに、季節の変化をより的確につかむために「雑節《ざっせつ》」という区分も取り入れられています。

つまり旧暦とは、太陰暦を基本に、太陽暦の要素も取り入れた「太陰太陽暦」なのです。

# 太陰暦

月の満ち欠けをひと月とする暦。

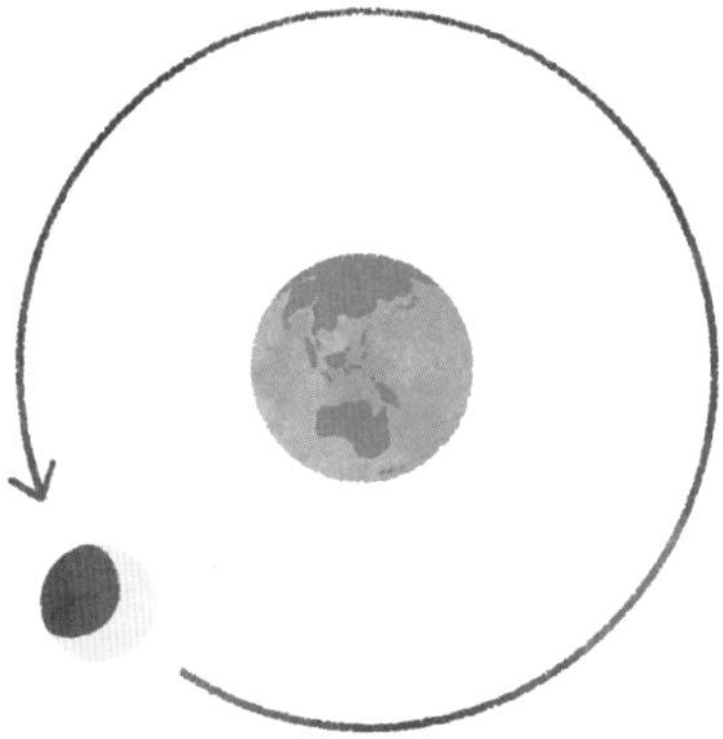

# 太陽暦

地球が太陽の周りを回る一周期を一年とした暦。

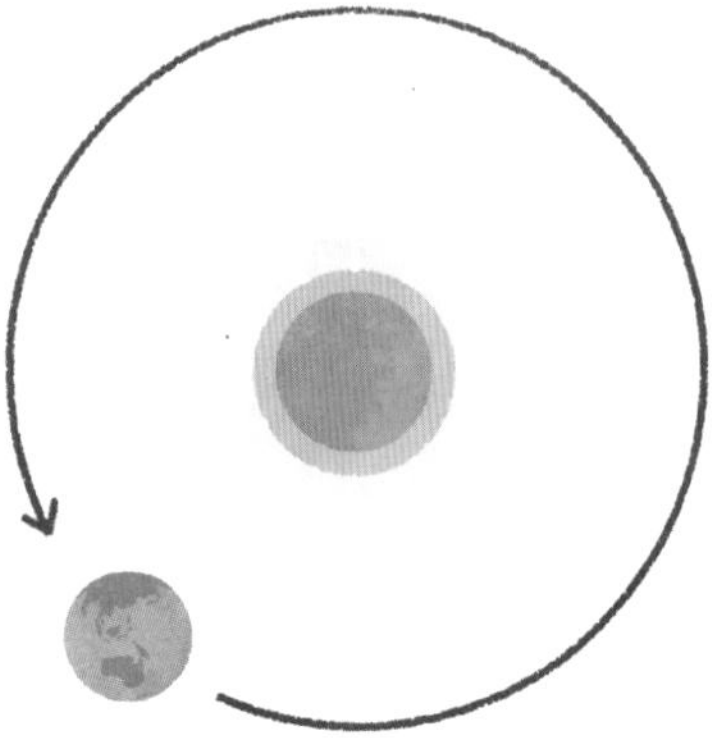

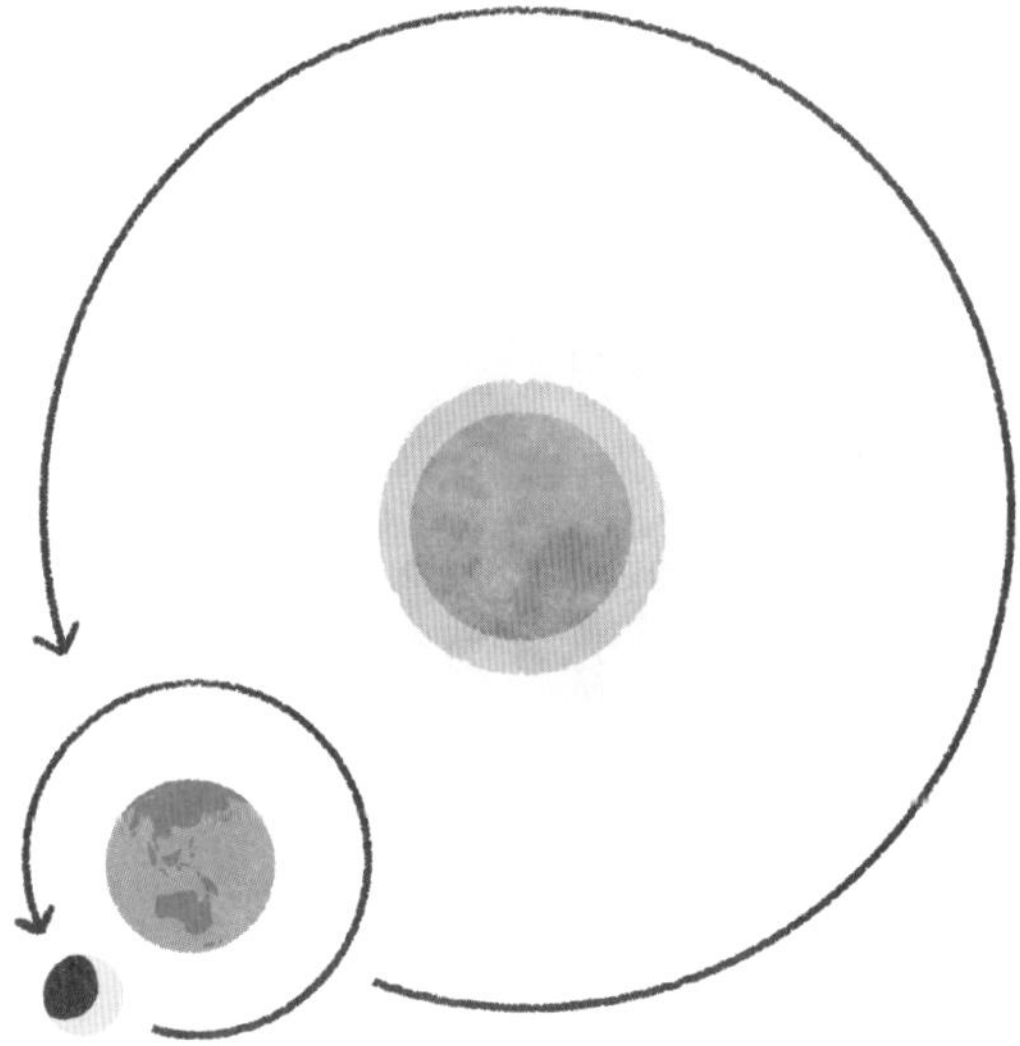

# 太陰太陽暦

太陰暦による季節のズレを、
太陽暦の要素を加えること
で調整した暦。

旧暦は明治五（一八七二）年に改暦され、翌年から世界共通の暦法である新暦（太陽暦）が施行されました。しかし、旧暦では、立春を新年としていたため、現在の暦とは約一カ月のズレが生じています。

これにより、暦日が約一カ月早められたために、従来の季節感からいえば、まだ十二月なのに正月行事をしなければならないなど、とくに年中行事に矛盾が生じました。

そこで、季節感に合わせるために、旧暦で七月十五日であったお盆の行事を、ひと月遅れの新暦の八月十五日にするなどして調整しましたが、いまなお日程などで新暦、旧暦が混然としている行事も少なくありません。

ちなみに、旧暦では、新月がその月の一日で、十五日が満月に当たるようになっています。そこで、新月を「月立《つきた》ち」と呼んだことから一日を「ついたち」と読むようになりました。そして、月の満ち欠けによって「三日月」「十三夜」「十五夜」といった名称をつけました。十七日以降は、月の出は平均すると毎日約50分ずつ遅くなっていくことから、十七日月の出を待つ「立待月」、座って待つ「居待月」、寝て待つ「寝待月」、夜更けまで待つ「更待月」という呼び名に。毎夜、月の出を待って愛でていた昔の人のようすが目に浮かぶようです。

# 月の満ち欠けと名称

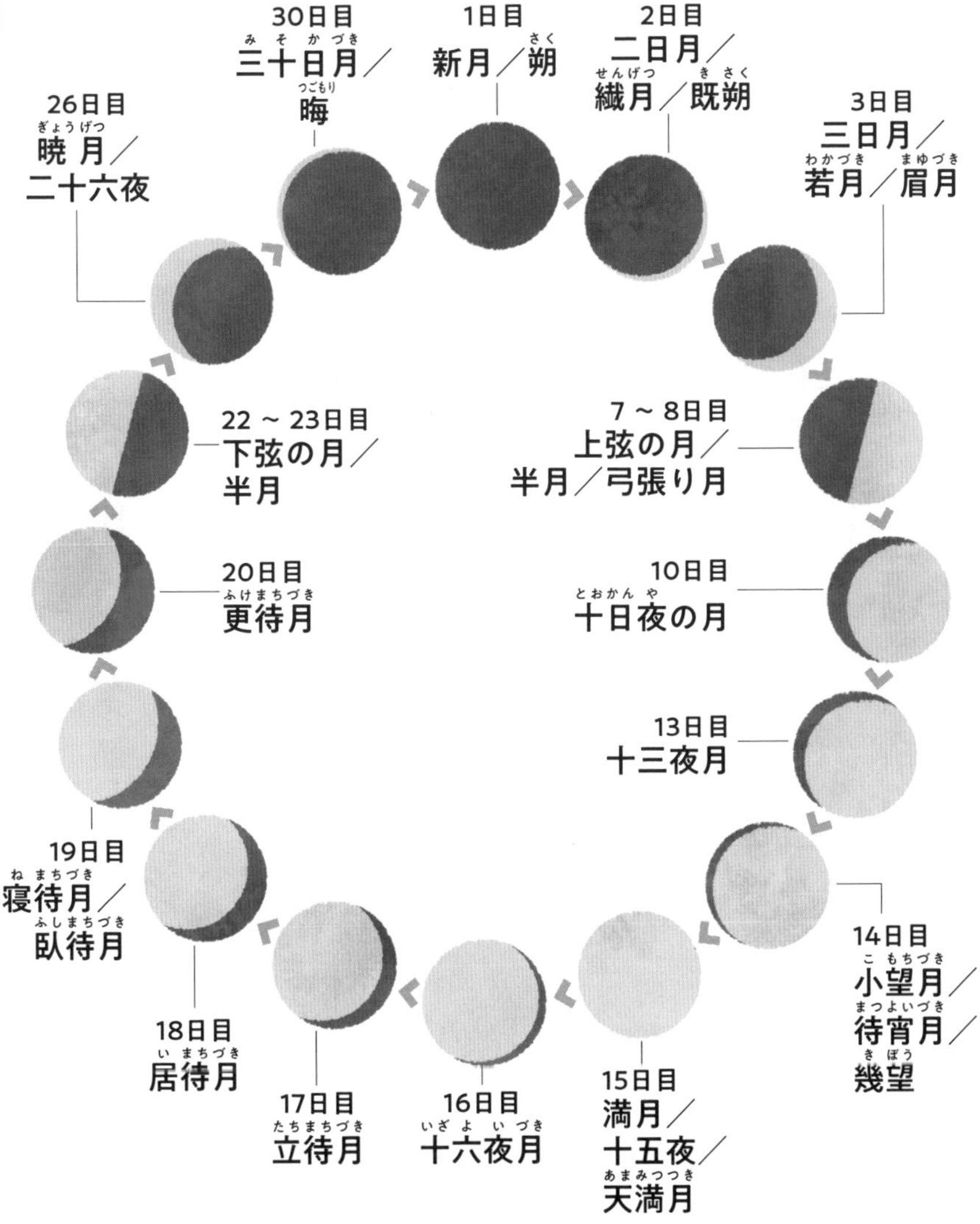
1日目
新月／朔《さく》
2日目
二日月／
繊月《せんげつ》／既朔《きさく》
3日目
三日月／
若月《わかづき》／眉月《まゆづき》
7～8日目
上弦の月／
半月／弓張り月
10日目
十日夜《とおかんや》の月
13日目
十三夜月
14日目
小望月《こもちづき》／
待宵月《まつよいづき》／
幾望《きぼう》
15日目
満月／
十五夜／
天満月《あまみつつき》
16日目
十六夜月《いざよいづき》
17日目
立待月《たちまちづき》
18日目
居待月《いまちづき》
19日目
寝待月《ねまちづき》／
臥待月《ふしまちづき》
20日目
更待月《ふけまちづき》
22～23日目
下弦の月／
半月
26日目
暁月《ぎょうげつ》／
二十六夜
30日目
三十日月《みそかづき》／
晦《つごもり》

# 二十四節気

## 太陽の動きをもとに、一年を二十四等分した季節を知る目安

寒い冬から春を迎えてホッとしたり、暑い夏にひと雨ほしくなったりするなど、私たちは日ごろから春夏秋冬の季節の影響を大きく受けています。日本では、国民の祝日となっている春分と秋分、さらに夏至と冬至のほかにも、立春、立秋、大寒などの季節を表す言葉がしばしば使われていますが、これらはすべて「二十四節気《にじゅうしせっき》」にもとづいています。

二十四節気は中国の戦国時代に考案されました。太陰暦による季節のズレを正し、春夏秋冬の季節を正しく示すため、一年を十二の「節気」と十二の「中気」に分類し、それらに季節を表す名前がつけられたのです。ひとつの節気と中気はそれぞれ約十五日間で、交互にきます。期間ではなく、特定の一日を指すこともあります。

日本では平安のころの暦から採用されましたが、二十四節気は中国の気候にもとづいたものなので、日本の気候と合わない名称や時期もあります。そこで、それを補うため、二十四節気のほかに、土用《どよう》、八十八夜《はちじゅうはちや》、入梅《にゅうばい》、半夏生《はんげしょう》、二百十日《にひゃくとおか》など、「雑節《ざっせつ》」と呼ばれる季節の区分けを取り入れました。それが、日本の旧暦なのです。

# 二十四節気の一覧表

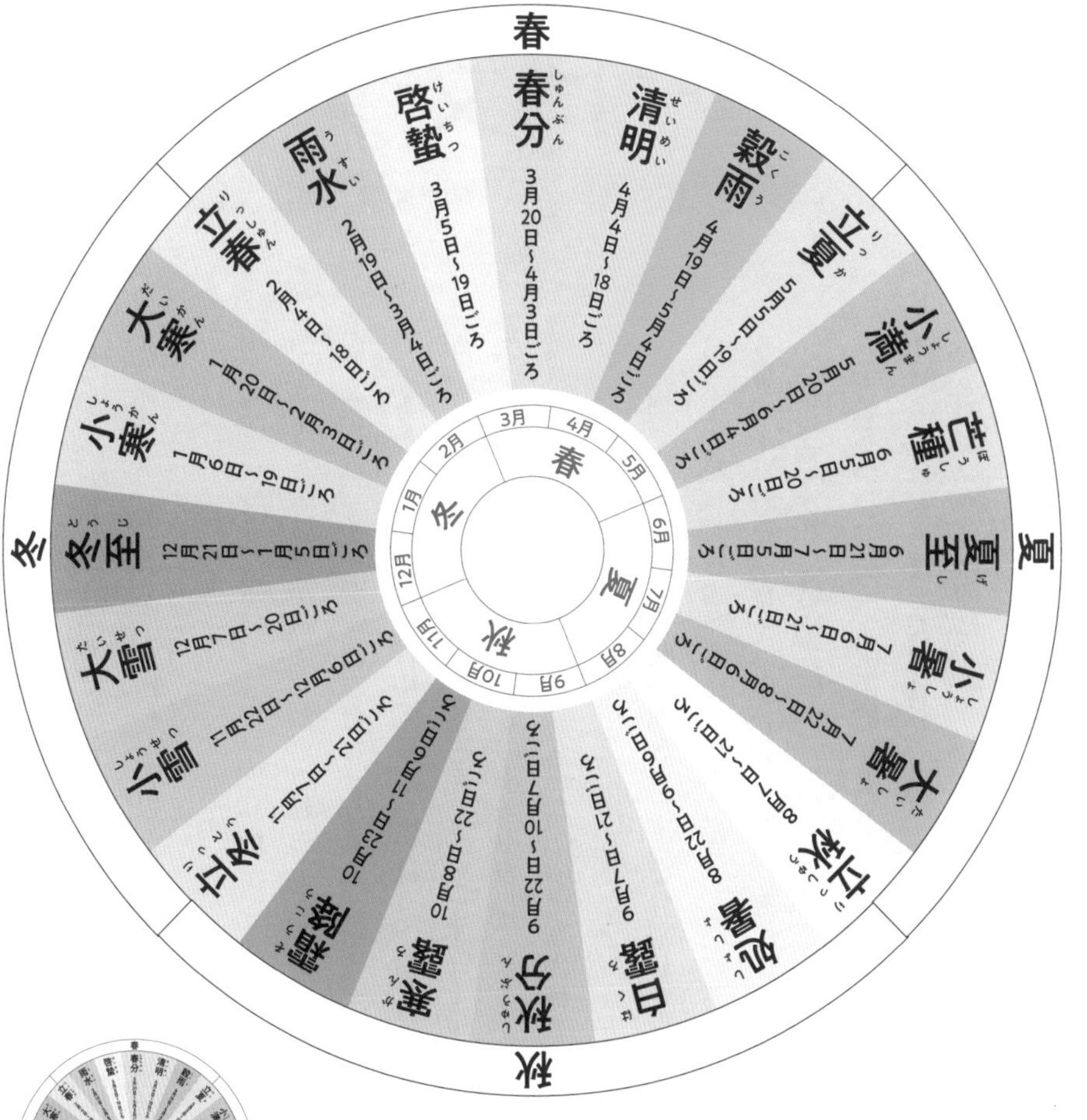


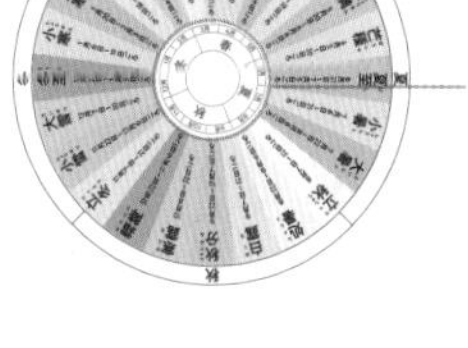

○の部分は新暦に対応しています。
それ以外の部分は旧暦で作成し、
二十四節気の月日は新暦に直してあります。

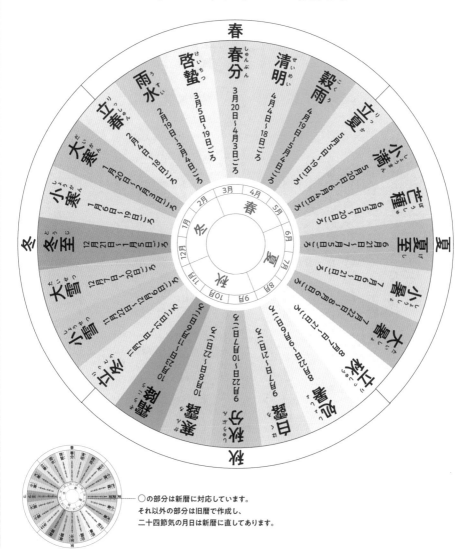

# 干支

## 十二支が十二分割できる便利さゆえ、古来より時刻や方位にも使われてきた

干支《えと》というと、子、丑、寅、卯、辰、巳、午、未、申、酉、戌、亥の十二支を思い浮かべますが、これに十干《じっかん》である甲《きのえ》、乙《きのと》、丙《ひのえ》、丁《ひのと》、戊《つちのえ》、己《つちのと》、庚《かのえ》、辛《かのと》、壬《みずのえ》、癸《みずのと》を組み合わせたものが干支（十干十二支）です。

そもそもの起源は古代中国にさかのぼり、日本に伝わったのは年号が設定される前の六、七世紀ごろ。それ以来、十干と十二支を用いて、生まれ年から時刻、方位などの事象を表してきました。現在でも残る還暦のお祝いは、十干と十二支の六〇の組み合わせで年を表した名残で、満六〇歳で生まれ年の干支に戻ることを祝うものです。

時刻では、一日二十四時間を十二支で分割して表しました。たとえば、午《うま》の刻は現在の午前十一時から午後一時にあたり、その中間である昼の十二時を「正午」といいました。方位では、真北の方角を子《ね》として十二支を順に配しました。これに加え、平安時代には干支が陰陽《いんよう》五行説《ごぎょうせつ》と結びついて、呪術的な要素も含むようになり、吉凶占いにも用いられはじめました。「艮《うしとら》（丑寅）に当たる方角（北東）は鬼門である」といった信仰は、そうした流れから生まれています。

# 干支と時刻・方位

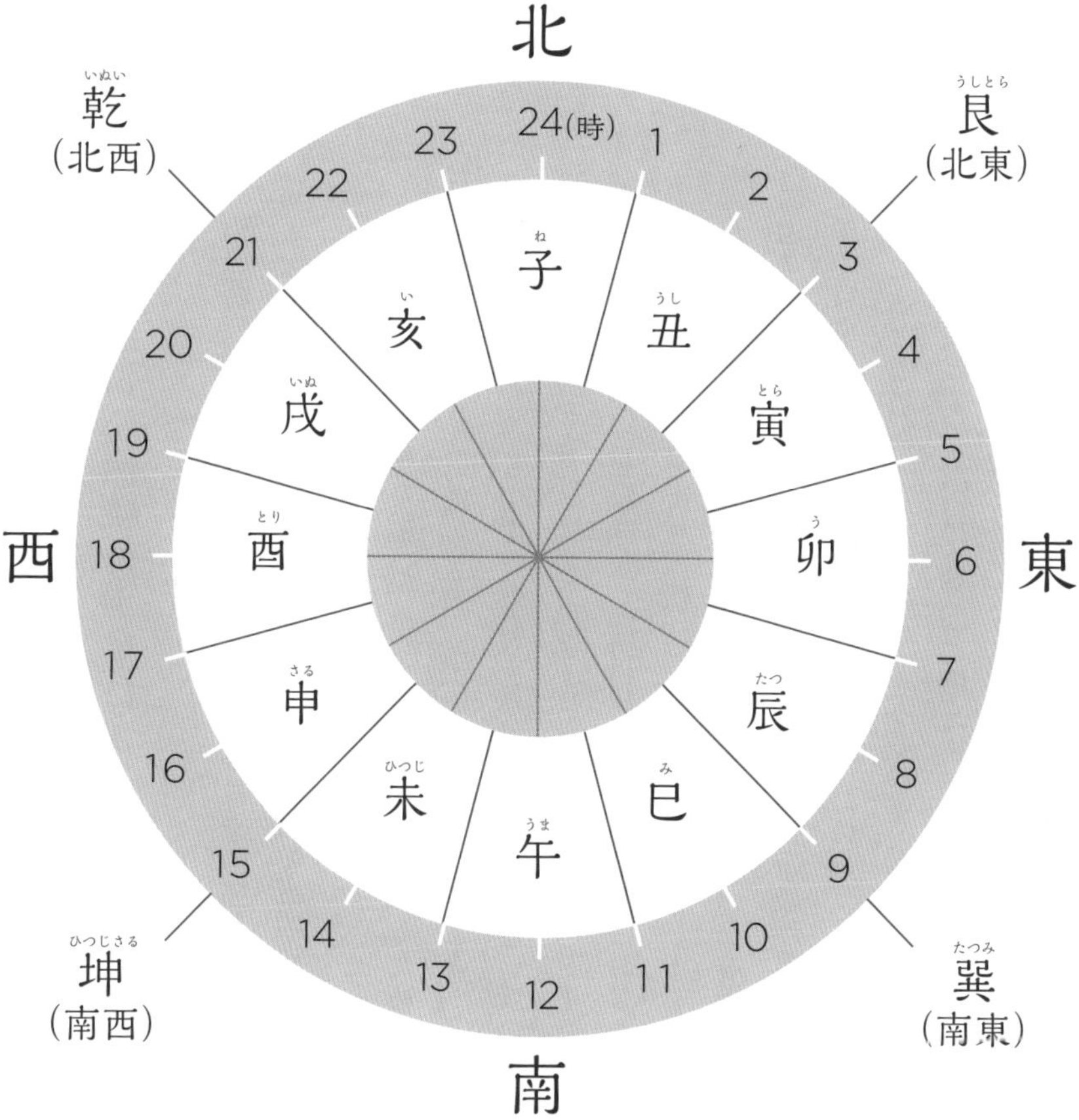
北
乾《いぬい》
(北西)
艮《うしとら》
(北東)
24(時)
1
2
3
4
5
6
7
8
9
10
11
12
13
14
15
16
17
18
19
20
21
22
23
子《ね》
丑《うし》
寅《とら》
卯《う》
辰《たつ》
巳《み》
午《うま》
未《ひつじ》
申《さる》
酉《とり》
戌《いぬ》
亥《い》
西
東
坤《ひつじさる》
(南西)
巽《たつみ》
(南東)
南

# 和の暦の知識

## 季節を的確に知らせる「雑節」と季節の節目に伝統行事を行う「五節句」

和の暦には日付のほかに、季節を表す二十四節気や雑節、季節の節目となる五節句、「暦注《れきちゅう》」と呼ばれるその日の吉凶や禁忌などの情報が記されていました。

雑節は二十四節気を補い、日本の気候をより知るために作られた暦日です。彼岸と社日《しゃにち》は年二回、土用《どよう》は年四回あります。「社日」は古代中国に由来するもので、春分、秋分にもっとも近い戊《つちのえ》の日が社日となり、春のものを春社《しゅんしゃ》、秋のものを秋社《しゅうしゃ》といいます。社とは産土神《うぶすながみ》（生まれた土地の神）を意味し、社日には近くの神社にお参りをし、春社ではその年の豊作を祈り、秋社では収穫に感謝をします。

五節句（五節供）は、奇数は吉を表す陽数という古代中国の考え方に由来するもので、日本の風習と合わさり、奇数が重なる日に伝統的な年中行事を行う日となりました。一月だけは、一日の正月は特別であるため、七日が「人日の節句」とされました。「節」とは季節の節目の日のことで、その日に神前に供え物をして宴を開いたことから「節供」と呼ばれるようになり、現在は「節句」の字が使われます。

## 雑節

| | | |
|---|---|---|
| 節分《せつぶん》 | 立春の前日（2月3日ごろ） | ⇒詳しくはP53 |
| 彼岸《ひがん》 | 春分、秋分の日を中日とした7日間 | ⇒詳しくはP64 |
| 土用《どよう》 | 立春、立夏、立秋、立冬の前の約18日間 | ⇒詳しくはP70、93 |
| 社日《しゃにち》 | 春分と秋分にもっとも近い戊の日 | |
| 八十八夜《はちじゅうはちや》 | 立春から88日目（5月1日ごろ） | ⇒詳しくはP73 |
| 入梅《にゅうばい》 | 立春から135日目（6月10日ごろ） | ⇒詳しくはP82 |
| 半夏生《はんげしょう》 | 立夏から11日目（7月1日ごろ） | ⇒詳しくはP89 |
| 二百十日《にひゃくとおか》 | 立春から210日目（9月1日ごろ） | ⇒詳しくはP105 |
| 二百二十日《にひゃくはつか》 | 立春から220日目（9月11日ごろ） | ⇒詳しくはP105 |

## 五節句

| | | |
|---|---|---|
| 人日《じんじつ》 | 一月七日／七草の節句 | ⇒詳しくはP45 |
| 上巳《じょうし》 | 三月三日／桃の節句 | ⇒詳しくはP61 |
| 端午《たんご》 | 五月五日／菖蒲の節句 | ⇒詳しくはP74 |
| 七夕《しちせき》 | 七月七日／笹竹の節句 | ⇒詳しくはP90 |
| 重陽《ちょうよう》 | 九月九日／菊の節句 | ⇒詳しくはP106 |

暦に記されている暦注（暦に注記したもの）のひとつが「六曜《ろくよう》」です。現在でも冠婚葬祭などの日取りを決めるときに、「結婚式は大安の日に」「葬式は友引を避けて」といった話をよく聞きます。この「大安」「友引」などが六曜で、古代中国の考え方にもとづき、三国志で有名な諸葛孔明《しょかつこうめい》が、戦いの際、吉凶の日を知るのに利用したという言い伝えがあります。

六曜が日本に伝わると、江戸時代の半ばから急速に広まっていきました。六曜には、先勝、友引、先負、仏滅、大安、赤口があり、日本では日常生活全般に用いられています。「友引」はもともと「争いごとで、ともに引き分けて勝負なし」の意味ですが、その文字の連想から「友を引く」と取られ、弔事《ちょうじ》を避ける日となりました。

六曜は先勝から赤口の順（左ページの表の順）で繰り返しており、旧暦では「一月と七月の一日は先勝」「二月と八月の一日は友引」のように月日が決まっていました。しかし、それを新暦に当てはめるとズレが生じるため、途中で飛ぶ場合があり、年によっても変わります。最近のカレンダーには、六曜以外の開運日が記されているものもよくあります。その由来はさまざまですが、吉日の目安として使われています。

# 和の暦の知識

## 六曜

| | |
|---|---|
| 先勝《せんしょう》 | 早くことをすませたほうがよい日。そのため午前が吉、午後は凶。 |
| 友引《ともびき》 | 「友を引く」から、慶事はよいが、葬式などの弔事は避ける日。朝夕が吉で、正午のみが凶。 |
| 先負《せんぶ》 | 急用を避け、平静に過ごす日。午前は凶、午後が吉。 |
| 仏滅《ぶつめつ》 | 万事が凶の日。とくに婚礼などの慶事や、移転、開店などは避けたほうがよいとされる。弔事は構わない。 |
| 大安《たいあん》 | 万事が大吉の日。何事においても成功する日といわれ、婚礼、建築の上棟式、工事の着工などがよく行われる。 |
| 赤口《しゃっこう》 | 正午の前後（11時～13時）のみが吉で、それ以外は凶の日。とくに訴訟や契約などが凶。火の元、刃物に注意。 |

## 開運日

| | |
|---|---|
| 天赦日《てんしゃにち》 | 万事がうまくいく大吉の日。 |
| 一粒万倍日《いちりゅうまんばいび》 | 「一粒のもみが万倍にも実る稲穂になる」ということから、新しいことを始めるのによいとされる吉日。 |
| 巳《み》の日 | 神様の使いとされる蛇にまつわる日で、金運・財運の上昇に期待できる。12日周期。 |
| 己《つちのと》巳《み》の日 | 蛇にまつわる巳の日の中でも、十干の巳《つちのと》と重なる日で、とくに縁起がよいとされる。60日周期。 |
| 寅《とら》の日 | 虎は「千里を行って千里を帰る」ことから、出て行ったものがすぐに戻ってくるとされ、お金を使ったり、旅行に行ったりするのによい日。12日周期。 |
| 甲《きのえ》子《ね》の日 | 大黒天にまつわる日で、この日に始めたことは長続きするとされ、物事を始めると運気が上がる。60日周期。 |
| 鬼宿日《きしゅくにち》 | 鬼が宿にいて出歩かないので、物事がうまく進みやすく、催し物をするのに縁起がいい日。30日周期。 |

# 人生の節目のしきたり

日本人は古来、子どもが成長する過程での儀式や、年長者に敬意を表する長寿祝いなど、年齢に応じた人生の節目を大切にしてきました。それらに込められている豊かな人生観を知っておきましょう。

## 誕生

### お七夜 生後7日目

かつては、この日までに赤ちゃんに名前をつけ、夫婦のほかに両家の両親などが集まり、内輪で「お七夜《しちや》」のお祝いをしました。当日は奉書紙などの中央に墨で「命名　〇〇〇」と名前を書き、左側に誕生年月日を書き入れて、神棚の下や床の間の柱などに貼り下げます。その後、祝いの膳を囲み、無事に生まれてきたことを祝います。↓詳しくはP.265

**出産祝いのしきたり**

出産祝いにすぐ駆けつけるのは近親者のみです。親しい間柄であれば、産後二十一日～退院一カ月以内のころに訪ねるのもよいでしょう。お祝い品を贈る場合は、生後七日～一カ月くらいの間に届くよう手配します。
→詳しくは P.226

## 生後30日ごろ
# お宮参り

生後一カ月くらいのころ、赤ちゃんを初めて家の外に連れ出し、健やかな成長を願って近所の氏神様にお参りします。それによって氏《うじ》子《こ》の一員になるとされています。現在は男子が生後三十二日目、女子が生後三十三日目に行うところが多いようです。

→詳しくはP.266

## 生後100日目
# お食い初め

子どもが一人前の人間として成長し、一生、食べ物に困らぬようにとの願いを込め、「お食《く》い初《ぞ》め」の儀式を行います。この日は子どものために新しい茶碗や箸を用意し、祝いの料理を食べさせるまねをします。初めて母乳以外の食べ物を与えることから「箸初め」「箸祝い」とも呼ばれます。

→詳しくはP.267

## 1歳
# 初誕生祝い

満一歳の誕生日には両家の両親たちも集まり、餅や赤飯、お頭つきの鯛などの膳を囲んで、盛大に祝います。地方によっては「力餅」「一生餅」などと呼ばれる餅を用意し、これを子どもに踏ませたり、背負わせて歩かせたりする風習があります。

→詳しくはP.268

## 七五三

3歳、5歳、7歳

十一月十五日に、三歳になった男女、五歳になった男子、七歳になった女子の成長を祝うため、晴れ着を着せて氏神様にお参りをし、お祓《はら》いを受ける行事です。

現在では十五日に限らず、十一月中に行います。神社に参拝のみをする場合と、神主さんにお祓いとご祈禱《きとう》をしてもらう方法があります。→詳しくはP.119、269

## 小学校入学
## 小学校卒業

## 中学校入学
## 中学校卒業

## 高校入学
## 高校卒業

### 入学祝いのしきたり

入学祝いは、祖父母や親戚、家族ぐるみのお付き合いがある間柄で行われます。品物は先方の希望を聞いて、すでにそろえたものと重ならないようにしたいもの。お返しは必要ありませんが、子どもから相手に直接お礼を伝えるといいですね。

→詳しくはP.230

## 厄年のしきたり

厄年とは、災難や不幸に出合うことが多いとされる男女の年齢で、一般的には男性が数え年で二十五歳、四十二歳、六十一歳、女性が十九歳、三十三歳、三十七歳、六十一歳です。とくに男性の四十二歳、女性の三十三歳は「大厄《たいやく》」といい、前の年を前厄《まえやく》、後の年を後厄《あとやく》として、厄年が三年間続くとされています。その厄から逃れるために、厄年にあたる男女は「厄払い」「厄落とし」をする風習があります。現在では、神社や寺院などで、厄除けの祈願をしてもらうのが一般的です。 →詳しくは P.172

**厄年の一覧**

| | 前厄 | 本厄 | 後厄 |
|---|---|---|---|
| 男性 | 24歳 | 25歳 | 26歳 |
| | 41歳 | 42歳 | 43歳 |
| | 60歳 | 61歳 | 62歳 |
| 女性 | 18歳 | 19歳 | 20歳 |
| | 32歳 | 33歳 | 34歳 |
| | 36歳 | 37歳 | 38歳 |
| | 60歳 | 61歳 | 62歳 |

## 成人式 18歳

日本では、古くから男子が大人の仲間入りをする「元服《げんぷく》の儀」が行われており、十三歳から十五歳くらいになると、髪型や着物を成人のものに変え、冠《かんむり》をかぶりました。現在は、男女とも十八歳になると成人と認められます。以前は一月十五日が「成人の日」として国民の祝日になっていましたが、現在は一月の第二月曜日に変わっています。

→詳しくはP.229

# 結婚

現在、結婚式は神前式やキリスト教式で行われています。そうした式の意味を知るとともに、結婚式や披露宴に出席する際には、招待状の返信、服装、ご祝儀、マナーなどに気をつけたいものです。結婚後は、一年目の紙婚式に始まり、二十五年目の銀婚式、五十年目の金婚式など、節目節目に名前をつけた結婚記念日の祝い方があります。

→詳しくはP.241〜262

| 年数 | 名称 | 由来 |
|---|---|---|
| 1年目 | 紙婚式 | まっさらの白紙のような状態からの二人の将来の幸せを願って |
| 5年目 | 木婚式 | 夫婦がようやく一本の木のように一体となり、しっかり根を張って進んでいけるように |
| 10年目 | 錫《すず》婚式 | 金属でありながら美しさと柔らかさをもった、錫のような二人でいられるように |
| 25年目 | 銀婚式 | 結婚生活の一区切りの時期を磨けば光るいぶし銀のような奥深い美しさになぞらえて |
| 50年目 | 金婚式 | 二人で過ごしてきたとても価値のある長い年月を黄金のような輝きと豊かさで表現 |

# 結納

かつての結婚は家と家が結ばれるとされていたため、結婚前に婿方が嫁方へ酒やさかなを持参し、それをともに飲食することで結納を交わしました。現在の結納は簡略化される傾向にあり、

結納品セットが利用されています。関西では、一般的に男性側からだけ結納品を贈り、関東では男女双方からという形を取ることが多いようです。

→詳しくはP.258

# 長寿の祝い

数え年の六一歳（満六〇歳）で行われる「還暦」など、長寿の祝いは、短命だった平安時代に行われるようになったもので、現在は六〇歳といってもまだまだ若いものです。そのため還暦は簡単にして、本格的な長寿祝いは「古希《こき》」と呼ばれる七〇歳あたりからというのが一般的になっており、歳を重ねていくごとに盛大なお祝いをします。

↓詳しくはP.238

## 年齢ごとの長寿のお祝い

| | |
|---|---|
| 古希《こき》（七〇歳） | 中国・唐の時代の詩人、杜甫の詩「人生七十古来稀《こらいまれ》なり」による |
| 喜寿《きじゅ》（七七歳） | 喜の草書体の略字が七を重ねて見えるから |
| 傘寿《さんじゅ》（八〇歳） | 傘の略字が八十と読めるから |
| 半寿《はんじゅ》（八一歳） | 半の字が八十一から成り立っているから |
| 米寿《べいじゅ》（八八歳） | 米の字が八十八から成り立っていることから。米の祝いともいう |
| 卒寿《そつじゅ》（九〇歳） | 卒の俗字が九と十と書くことから |
| 白寿《はくじゅ》（九九歳） | 百の字から一を取ると「白」になるから |
| 上寿《じょうじゅ》（百歳） | 人の寿命を上（百歳）、中（八〇歳）、下（六〇歳）に分けると、上がもっとも長寿であるという意味から |
| 茶寿《ちゃじゅ》（百八歳） | 茶の字が十が二つと八十八から成り立っていることから |
| 皇寿《こうじゅ》（百十一歳） | 皇の字が、百から一を取った白と、十と二から成り立っていることから |

## 葬儀

葬儀のみに参列する場合はお香典を渡し、仏式の場合は焼香をして冥福を祈ります。神式の場合は焼香の代わりに榊《さかき》を捧げ、キリスト教式では献花を行います。遺族や喪主に挨拶をするときは、短い言葉でお悔やみの気持ちを伝えるのが礼儀ですが、宗教によって言葉づかいに違いがあるので気をつけます。

→詳しくはP.271～284

## 通夜

最近の通夜は、納棺した遺体を祭壇に安置し、夕刻から数時間ほど通夜式を行うのが一般的です。参列者は受付でお香典を渡し、僧侶の読経が行われる中、焼香をします。その後、酒や軽い食事のもてなしがあります。この「通夜ぶるまい」には、「酒は死のケガレを清める」という意味があるため、もてなしを受けることが故人の冥福を祈ることになります。

→詳しくはP.273

### 法事のしきたり

死後は、満一年目の命日に一周忌の法要（年忌法要）を行い、その後、一周忌の翌年に三回忌、七回忌、十三回忌、十七回忌、二十三回忌、二十七回忌と続き、一般的には三十三回忌に弔い上げをして終わりとします。法要では、僧侶に塔婆《とうば》を書いてもらって墓場に立てたり、読経のあと、近親者や縁者が供養の飲食をともにしたりします。

→詳しくはP.282

第一部

［年中行事と季節のしきたり］

# 一月／睦月《むつき》

初春月《はつはるづき》
初空月《はつそらづき》
太郎月《たろうづき》
年端月《としはづき》

正月には、家族や親戚一同が集まって宴を開く風習があり、旧名の「睦月」は、そうして「睦み合う」ことから転じたものといわれます。「太郎月」の「太郎」は、長男につけられる名前であるように、「物事の最初」という意味があります。「年端月」の「端」にも「初め」という意味があり、年の初めである一月の別称となりました。

# 一月／睦月

一日 元旦／初日の出／初詣／若水
二日 初夢／書き初め
三日
四日
五日
六日
七日 七草の節句（人日の節句）
＊門松・しめ飾りを飾るのは、一般的にはこの日まで。
八日
九日
十日

松の内（一日〜七日）
二十四節気 冬至（12月21日〜1月5日）
二十四節気 小寒（1月6日〜1月19日）

十一日 鏡開き
十二日
十三日
十四日
十五日 小正月／左義長
左義長の行われる日は、地方によってやや前後する場合があります。
十六日 藪入り（六入り）
十七日
十八日
十九日
二十日 恵比寿講

二十四節気 小寒（1月6日〜1月19日）
大寒
雑節 冬の土用

二十一日
二十二日
二十三日
二十四日
二十五日
二十六日
二十七日
二十八日
二十九日
三十日
三十一日

雑節 冬の土用（1月18日〜2月3日）
二十四節気 大寒（1月20日〜2月3日）

※二十四節気、雑節は、年によって数日のズレが生じます。

# 初日の出

## 一年の幸運を願って、年神様を拝む

その年の最初に昇ってくる太陽を拝み、一年の幸運を祈るために、いまでも多くの人々が、宵のうちから家を出て、見晴らしのよい場所に出かけて行きます。

これはかつて、初日の出とともに「年神様《としがみさま》」が現れると信じられていたことに由来します。年神様とは新年の神様で、「正月様」「歳徳神《としとくじん》」ともいい、年の初めに一年の幸せをもたらすために、降臨してくると考えられていました。

初日の出を拝む場所は、眺めのよい山、海岸などさまざまです。とくに高い山頂での日の出は、近くの雲に映った自分の影が、まるで光の輪を背にした仏の像のように見えることから、仏の「ご来迎《らいごう》」との語呂合わせで「ご来光《らいこう》」と呼ばれるようになりました。

ちなみに、初日の出を拝む習慣は昔からあったわけではなく、盛んになったのは明治時代から。それ以前の元旦は、年神様を迎えるために家族で過ごし、「四方拝《しほうはい》」といって東西南北を拝んでいました。

# 初《はつ》詣《もうで》

ゆく年に感謝を捧げ、新年の平安を祈願する

年の初めにお参りすると「めでたさ」が倍増するということで、毎年、各地の神社・仏閣は初詣の人で大賑わいとなります。大晦日《おおみそか》の除夜の鐘を聞きながら家を出て、元旦にお参りをすませて帰ることを「二年参り」といいます。

ちなみに、昔は一年のケジメとして、一家の家長は大晦日の夜から神社に出かけて、寝ないで新年を迎えるのが習わしでした。そのころ、家族は自分たちが住んでいる地域の氏神を祀《まつ》っている神社にお参りしていました。

やがて、伊勢神宮や出雲大社など有名な神社に出かけたり、その年の干支によって年神様のいる方角、つまり恵方《えほう》が縁起いいということで、恵方に当たる社寺に出かける「恵方参り」が盛んになりました。現在では、明治神宮、成田山新勝寺、川崎大師、住吉大社など、各地の有名社寺に出かけることが多くなっています。

# 初夢

## 二日の夜に見る夢で
## その年の運勢を占う

一般的に、正月二日の夜に見る夢を「初夢」といい、見た夢の内容によって、その年の運勢を占います。「なぜ元旦ではなく、正月二日の夜なのか」というと、昔は書き初め、稽古始め、仕事始めなど、年初めの行事が二日だったので、一年のスタートとして二日が重視されたためといわれます。

初夢の信仰は、もともと中国から伝わったもの。「夢を食う」といわれる貘《ばく》の絵を枕の下に入れて、吉夢を見ようとした中国の故事にあやかって、日本でも室町時代には、縁起の良い七福神を乗せた宝船の絵を、枕の下に入れて寝るようにしていきました。

江戸時代になると、めでたい初夢というのは「一、富士、二、鷹、三、茄子《なすび》」の順といわれるようになりました。これらは、いずれも徳川家康ゆかりの駿河《するが》（いまの静岡県）の名物で、当時、天下を取った家康にあやかりたいという庶民の願望もあり、こうした夢が吉夢とされました。

# 門松《かどまつ》

## 神が宿る松の木を門前に立てる

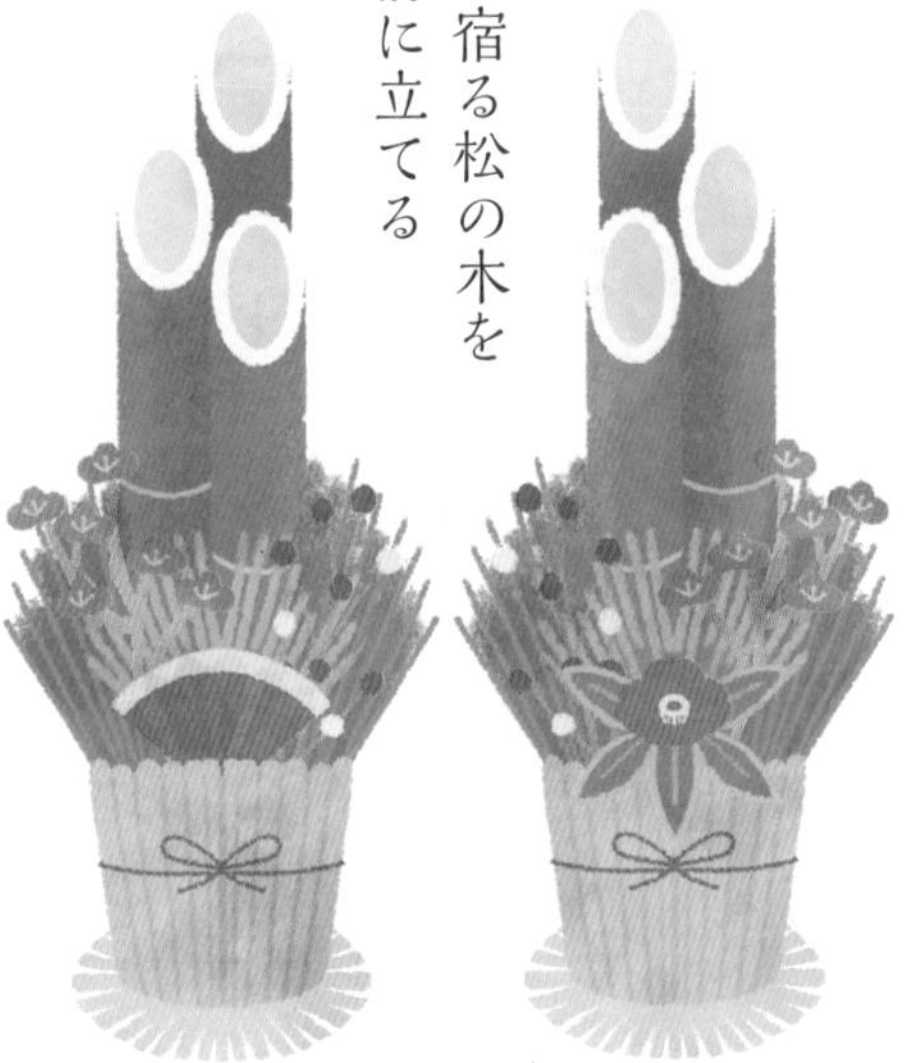

お正月になると、玄関前や門前に「門松」が立てられます。左右に一対並べるのが一般的で、玄関に向かって左側の門松を「雄松《おまつ》」、右側を「雌松《めまつ》」と呼びます。

もともとは新年を迎える際に、年神様が降りてくるときの目印として、杉などの木を立てたのが始まりでした。とくに松が飾られるようになったのは平安時代からで、松は古くから神が宿る木と考えられていたためです。そこに、まっすぐに節を伸ばす竹が、長寿を招く縁起ものとして添えられるようになりました。

門松を立てておく期間は、一般的には七日までの松の内の間ですが、地域によっては五日、十日、十五日とまちまちです。

ちなみに、この門松は十二月二十八日ごろに立てるのがよく、二十九日に立てるのは「苦立《くた》て」といい、三十一日ギリギリに立てるのは「一夜飾り」といって、いずれも嫌います。

# しめ飾り

## 家の中を、年神様を迎える神聖な場所にする

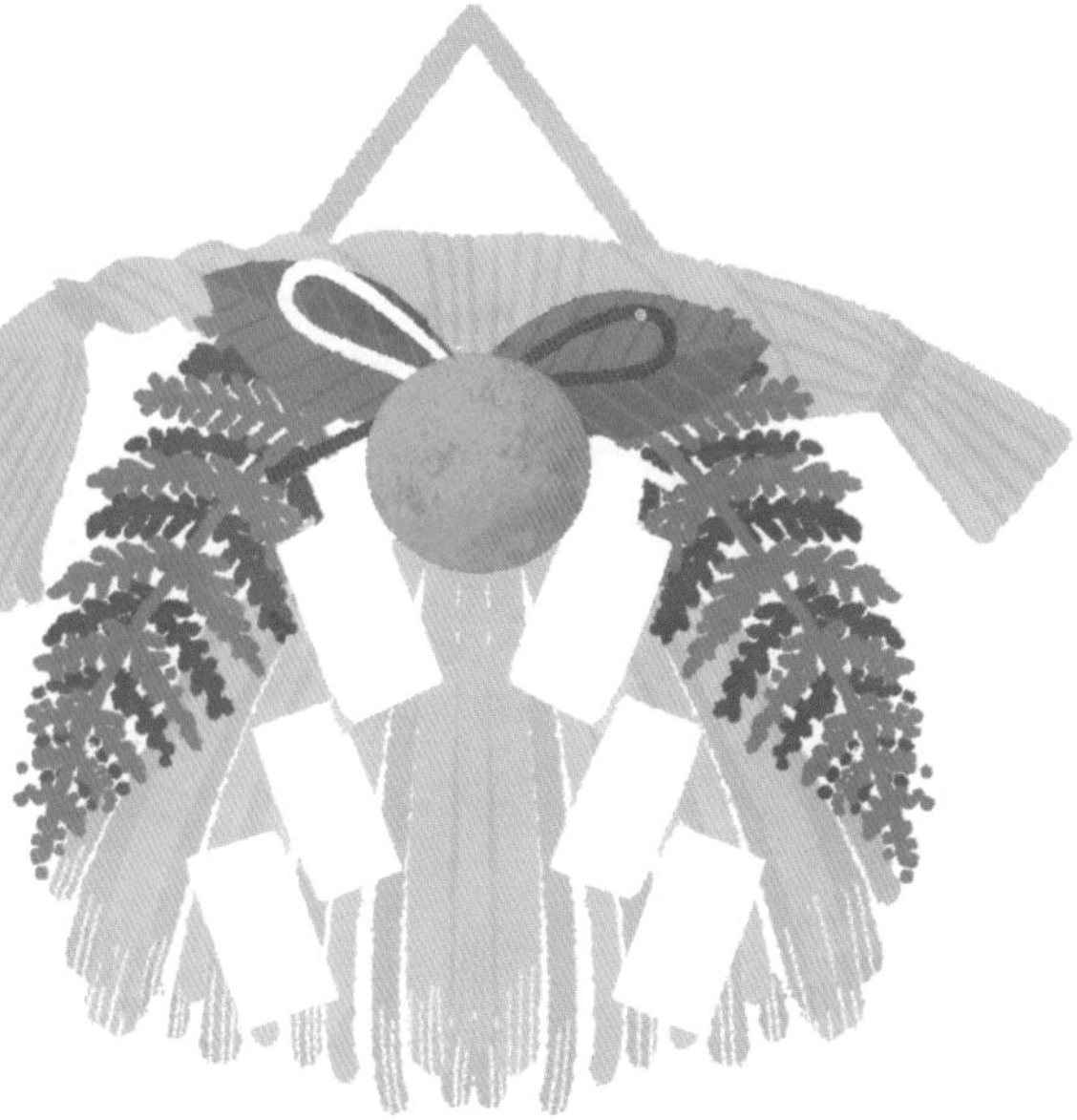

正月近くになると、玄関口や家の神棚などに「しめ飾り」をします。これも門松と同様、正月に年神様を迎えるための準備です。

もともとは、神社がしめ縄を張りめぐらせるのと同じ理由で、自分の家が年神様を迎えるにふさわしい神聖な場所であることを示すために、家の中にしめ縄を張ったのが始まりでした。かつては、「年男」と呼ばれる家長がその役目を担いましたが、やがて簡略化されていき、しめ飾りや輪飾りになっていきました。

しめ飾りは、しめ縄にウラジロ、ユズリハ、ダイダイなどをあしらって作ります。

ウラジロは常緑の葉であることから長寿を、ユズリハは新しい葉が出てきて初めて古い葉が落ちることから、次世代に家系を「譲って絶やさぬ」という願いを込めています。ダイダイは家が代々栄えるといったことから、縁起物として正月飾りに使われるようになりました。

# 年《とし》男《おとこ》

## もともとは、正月行事を取り仕切る男のこと

現在、正月行事の主役を務める「年男」のような存在は見当たりませんが、かつては正月に限って、一家の行事すべてを年男が取り仕切りました。

室町幕府や江戸幕府においては、古い儀礼に通じた人が年男に任じられ、一般の家では、主として家長がその任に当たり、しだいに長男や奉公人、若い男性が当たるようになっていきました。

年男の役目には、正月が近づいた暮れの大掃除をはじめ、正月の飾りつけや元旦の水汲み、年神様への供え物、おせち料理作りなどがあり、とにかく年男にとって正月は、猛烈に忙しい期間でした。

いまでは、その年の干支に生まれた人を指すようになっています。

コラム

### 福寿草
#### 正月の床飾りに用いられる黄金色の花

真冬に暖かみのある黄金色の花を咲かせることや、「福寿」という縁起のいい名前から、正月の床飾りとして古くから用いられてきました。栽培が始まったのは江戸初期からで、笹や南天などとよく寄せ植えにされています。別名は「元日草」。

# 若《わか》水《みず》

新年最初の水汲みで、一年の邪気を払う

元日の早朝に、最初に汲む水を「若水」といい、この若水を飲めば、一年の邪気を払うと信じられていました。平安時代の宮中では、立春の日の重要な行事として行われ、やがて元旦の行事として庶民の間にも広まっていきました。

年頭に当たって若水を汲みに行くことを「若水迎え」といって、できるだけ遠くに行くほど吉とされ、水を汲む途中で他人に出会っても、話をするのは厳禁とされています。

# 鏡餅

丸餅を二つ重ねる代表的な正月飾り

お正月の床の間を飾るのが、鏡餅です。半紙を敷いた三方《さんぼう》（三方の側面に透かしのある四角形の台）に、大小二つを重ねた丸餅をのせ、ダイダイ、ユズリハ、昆布などを添えるのが一般的。ユズリハ、ダイダイは、しめ飾りと同様の理由で用いられ、昆布には子孫繁栄の願いが込められています。

もともと餅は、ハレの日に、神様に捧げる神聖な食べ物とされてきました。それが室町時代以降、正月に年神様に供える現在のような鏡餅になっていきました。

鏡餅という呼び名は、昔の鏡が円形だったことから。その鏡は、人の魂（心臓）を表す神器であり、そこから丸餅になったといわれます。また、大小二つを重ね合わせるのは、月（陰）と日（陽）を表していて、福徳が重なって縁起がいいからだともいいます。

この鏡餅用に、多くの家では年末になると餅つきをしました。ただし、十二月三十一日の大晦日につくのを「一夜《ひとよ》餅《もち》」、また十二月二十九日につくのを「苦餅《くもち》」といって、嫌いました。

正月中は一月十一日の鏡開きまで飾るのが一般的です。

# おとそ

数種の薬草をあわせて作る
不老長寿の薬酒

元旦に、家族一同が顔をそろえて新年の挨拶をすませ、盃《さかずき》を回して「おとそ」を飲む習わしがあります。

おとそは、お神酒《みき》と同じで日本酒だと思われがちですが、もともとは中国の唐代から飲まれるようになった薬酒の一種です。

「お屠蘇《とそ》」と書き、屠蘇には「悪鬼を屠《ほふ》り、死者を蘇らせる」という意味があります。

中国では、数種の薬草を組み合わせた屠蘇散《とそさん》を大晦日に井戸の中につるして、元旦になって引き上げ、酒に浸して作りました。そして「邪気を払い、不老長寿になれる」薬酒として、新年になると年少者から順番に飲んだということです。

日本には平安時代に伝わって、宮中の元旦の儀式として取り入れられ、やがて庶民の間でも正月の朝におとそとして飲むようになりました。

現在では、本物のおとそを飲む家庭は少なくなりましたが、それでも年末になると、薬局などで薬酒として売られています。

# おせち料理

## もとは正月料理ではなく、季節の変わり目の節句料理

正月の三が日に食べる「おせち料理」は、年神様に供えるための供物《くもつ》料理であるとともに、家族の繁栄を願う縁起ものの家庭料理でもあります。

もともとは季節の変わり目の節句（節供《せちく》）に、年神様に供えるための「お節」料理でした。それが、やがて大晦日の年越しのときに食べるようになり、年に五回ある節句のなかでも正月がもっとも重要ということから、正月料理に限定されるようになりました。

おせちは、「めでたい」とされる日持ちのする材料で作り、家族が食べるほかに、年賀に来るお客様にも出せるようにと、重箱（お重）に詰めておくのが一般的です。

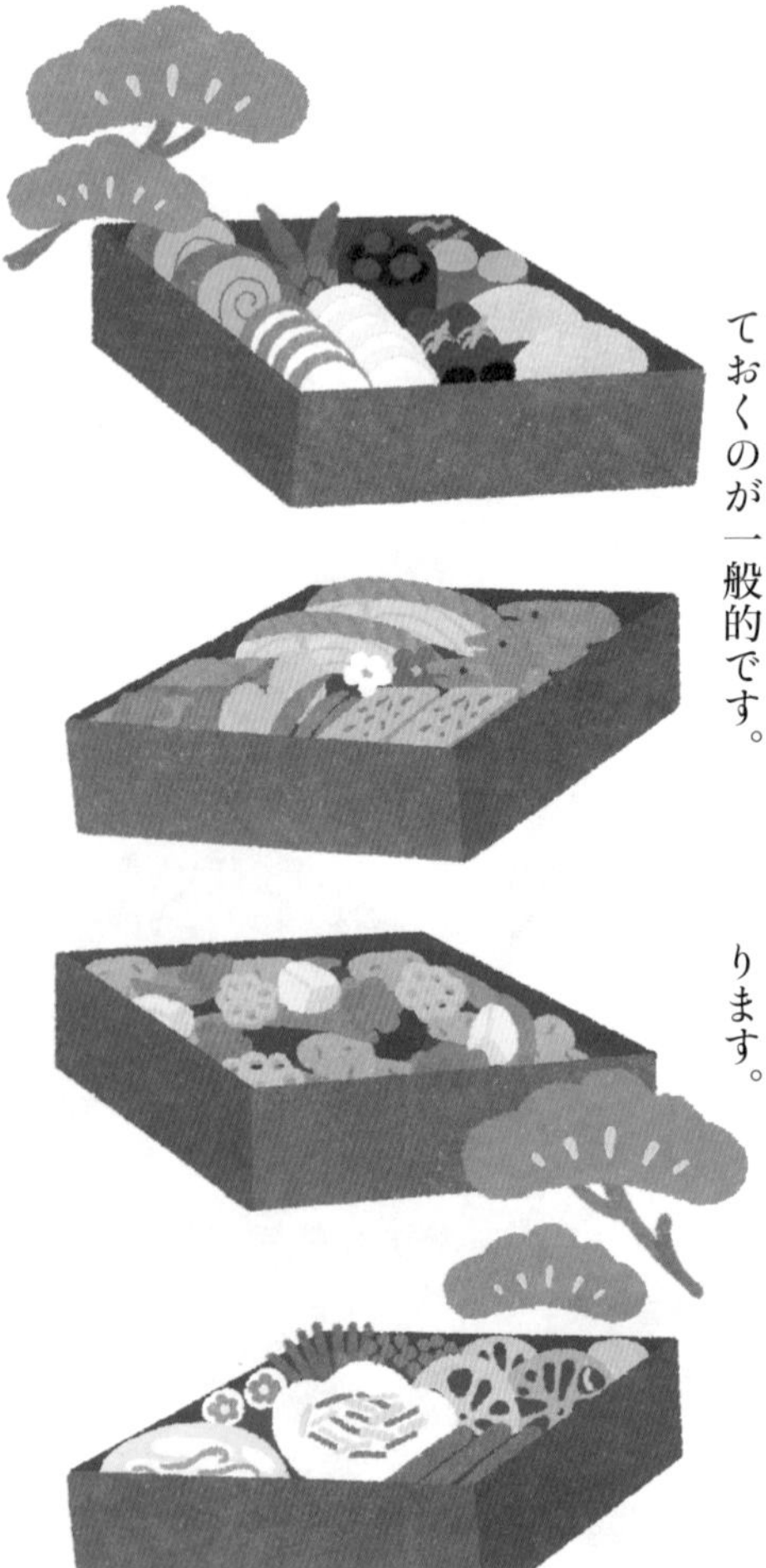

一の重には口取り（かまぼこ・きんとん・伊達巻きなど）、二の重には焼物（ブリの照り焼き、イカの松風焼きなど）、三の重には煮物（レンコン、里イモ、高野豆腐など）、四（与）の重には酢の物（紅白なます、酢レンコンなど）を入れるのが習わしで、さらに五の重を用意するところもあります。

# 雑煮

## 年神様の下がりものの餅で恩恵をいただく

雑煮とは、もともとは年神様に供えた餅を神棚から下ろし、それを野菜や鶏肉、魚介などと一緒に煮込んだもので、「雑煮餅」ともいいました。

元来、雑煮は正月用ではなく、室町時代のころの儀礼的な酒宴などで出されたのが始まりです。最初に雑煮を食べて、胃を安定させてから酒宴に移るという前菜の役割を果たしていました。それが、やがて正月料理になったといいます。

雑煮は、地域によって作り方に特色があります。関西では白みそ仕立て、関東ではしょうゆ仕立て（すまし仕立て）で、なかに入れる餅の形も関西では丸餅、関東では切り餅（のし餅、角餅ともいう）が一般的です。

# お年玉

## 貴重なお餅を年少者に分配していたのが始まり

お年玉とは、もとは年神様からの贈り物を意味し、年神様に供えた餅を下ろし、年少者に分け与えたのが始まりともいわれます。地域によっては、年神様に扮装した村人が元旦に各家を回り、子どもたちに丸餅を配って歩く習わしがありました。この丸餅を「年玉」と呼んでいました。

ちなみに、お年玉は、年少者や自分より地位の低い人に贈るのに対して、お年賀は、お世話になっている人や目上の人、地位の高い人に贈るのが基本です。

# 書《か》き初《ぞ》め

## 正月二日に恵方に向かって書をしたためる

新年に初めて毛筆をとり、一年の抱負や目標をしたためるのが「書き初め」で、一般的には二日に行われます。

書き初めは「吉書《きっしょ》」とも呼ばれ、恵方(縁起の良い方向)に向かって、めでたい言葉や詩歌を書いたのが始まりといわれます。

もともとは宮中で行われていた儀式でした。やがて江戸時代の寺子屋や明治以降の学校で習字教育が行われ、庶民の間にも広まっていきました。いまでも正月行事として、各地の学校や書道教室などで、書き初め大会が行われています。

コラム

### 春菊
栄養豊富な食べる風邪薬

いまは一年中、出回っていますが、旬は冬。独特の香りとほのかな苦みがあり、鍋物などの彩りや味のアクセントとして、よく使われています。また、シュウ酸(えぐみ)が少ないので、和え物やサラダにするのもいいもの。「食べる風邪薬」といわれるように、多様なビタミンやミネラルが含まれており、冬場の健康づくりに役立ちます。

二十四節気

# 小《しょう》寒《かん》

1月6日〜19日ごろ

この日から「寒の入り」の
一年でもっとも寒さが厳しい時期

二十四節気の「小寒」は、本格的な寒さが始まる日。この日を「寒の入り」といい、ここから「大寒」をあわせた立春前日までの三十日間が、一年でもっとも寒い「寒」の時期になります。

この時期に、武道や茶道などの寒中稽古（寒稽古）や寒中水泳が行われるのが、昔からの習わしでした。極寒のときに稽古をするのは、神道や仏教の寒さに耐えて修行をする「寒修行」（寒行）から来たもの。つまり、技術の向上よりも、精神を鍛える意味合いが強いとされています。

この寒の期間は「寒の内」「寒中」ともいわれ、立春に「寒の明け」を迎えます。

ちなみに、松の内（正月七日）までに年賀状を出せなかったときは、「寒中見舞い」（P.190参照）として寒の内に出すのが礼儀とされています。

# 七草がゆ（春の七草）

## 一年の健康を願いつつ
## 疲れた胃腸を休める

正月七日の朝は、「七草がゆ」を食べて無病息災を願う風習がいまでも残っています。もともとは中国で、毎年一月七日に官吏《かんり》昇進を決めることから、その朝、薬草である若菜を食べて立身出世を願ったのが起源といわれます。

この行事が日本に伝わると、平安時代には宮廷の儀式として七草がゆを食べるようになりました。さらに江戸時代には「五節句」の一つである「七草の節句」（人日《じんじつ》の節句）に食べる行事となり、一般に定着しました。

七草がゆに入れる若菜は、セリ、ナズナ、ゴギョウ（ハハコグサ）、ハコベラ（ハコベ）、ホトケノザ（タビラコ）、スズナ（カブ）、スズシロ（大根）が、春の七草といわれ一般的です。お正月のご馳走で疲れた胃腸を休め、栄養補給をするという効用もあります。

# 鏡開き

鏡餅を包丁を使わずに割り、雑煮やお汁粉に

一月十一日は、正月に供えた鏡餅を下ろして鏡開きをします。鏡開きとは、硬くなった餅を手や木槌《きづち》などで割り、雑煮や汁粉にして食べる行事です。包丁を使わないのは、神霊が刃物を嫌うためといわれます。

昔の武家では主君と家来たちがそろって、商家でも主人と使用人たち、さらには家族も加わって一緒に食べ、年神様が宿った餅をいただくことで、一年の健康を祈りました。

# 小《こ》正《しょう》月《がつ》

## 朝に小豆がゆを食べて邪気を払う

一月十五日を「小正月」といい、この日の朝に小豆《あずき》がゆを食べる習慣がありました。古くは『土佐日記』や『枕草子』などにも記されており、その年の豊作を祈願したということです。

古来、小豆は米や大豆とともに、日本人の食生活に欠かすことができない穀物でした。また、小豆のような赤い色の食べ物は、体の邪気を払うと考えられていたため、めでたい日などに、赤飯として供されてきたことが由来です。

ちなみに、一月一日から七日までを「大正月」「男の正月」（とくに年男が大活躍するため）と呼ぶのに対して、一月十五日は「小正月」や「女の正月」と呼んでいました。

コラム

### かまくら

#### 雪の洞を作り、水神様に願う

秋田県の横手市などでは、小正月に「かまくら」の行事が開催されます。かまくらとは雪で作った洞《ほら》のことで、その中に水神様を祀《まつ》り、お賽銭をあげて、五穀豊穣や商売繁盛を願いました。時代とともに、中に子どもたちが入り、甘酒やお餅を食べて遊ぶ行事に変わってきています。

# 左《さ》義《ぎ》長《ちょう》

## 正月飾りを燃やして年神様を見送る

小正月の一月十五日前後に行われる火祭りが「左義長」です。左義長は「どんど焼き」「どんど祭り」とも呼ばれ、正月に飾った門松やしめ飾りを、神社や寺院の境内に持ち寄り、燃やします。地方によっては、田畑に長い竹を組み、そこで燃やします。

　いわば正月飾りの後始末の行事ですが、燃やすときの煙に乗って、新年に訪れた年神様が天上に帰っていくといわれます。このとき、棒の先に餅や芋、だんごなどを刺して、焼いて食べたりします。門松やしめ飾りなどを燃やした火で焼いて食べると、その年は無病息災であると信じられていました。

　なぜ左義長と呼ばれるかについては、平安時代の宮中の儀式で三毬杖《さぎちょう》と呼ばれる青竹を立てて、正月の飾り物を燃やしたことに由来するという説や、鳥追い行事の鷺鳥《さぎちょう》から来ているなどの説があります。

# 藪《やぶ》入《い》り

昔の奉公人にとって
年二回の貴重な休日

江戸時代、商家に住み込みの奉公人（丁稚《でっち》奉公《ぼうこう》ともいいます）たちは、毎年、正月十六日と七月十六日の二日だけ休みをもらえるのが一般的でした。その休みを「藪入り」といい、関西では「六《ろく》入《い》り」といいました。

現在のように毎月の定休日がなかった時代、正月と盆の二回の藪入りは、奉公人たちにとって首を長くして待つ貴重な休日。この日に、奉公人は主人からお仕着せの着物や小遣いをもらって、親元に帰ったり、芝居見物などをして過ごして、年二回だけの休みを楽しんだといいます。

藪入りとは「奉公人を家に帰すこと」、つまり「宿入り」がなまったということですが、定かではありません。

二十四節気

# 大《だい》寒《かん》

寒さが極まる時期
寒の水で酒や味噌作りも

1月20日～2月3日ごろ

この日から立春前の十五日間が「大寒」で、小寒から始まる寒中のなかでも、寒さが極まる時期といわれます。

この時期に汲む「寒の水」は雑菌が少なく、長期保存に向くといわれ、いまでも酒や味噌などの仕込みに使われていきます。また、冷たい沢の水をためて天然氷を作る「氷室《ひむろ》の仕込み」が行われるのもこのころ。

やがて寒極まり、春の足音ももうすぐそこに……。

［年中行事と季節のしきたり］

# 二月／如月《きさらぎ》

雪《ゆき》消《ぎえ》月《づき》
梅《うめ》見《み》月《づき》
木《こ》の芽《め》月《つき》
恵《けい》風《ふう》

「如月」は、寒さをしのぐために着物を重ねて着る「衣更《きさら》着《ぎ》」が転化したものです。ただし、如月《じょげつ》というのは中国の二月の月名で、その漢字に「きさらぎ」という読み方を当てはめただけといわれています。「恵風」というのは、万物を成長させる春風のこと。立春を迎える二月は、寒さが厳しいなかでも、徐々に春らしさを感じられるようになる季節です。

# 二月／如月

一日

二日

三日　雑節　節分

四日

五日

六日

七日

八日　針供養

九日

十日

雑節　冬の土用（1月18日～2月3日）

二十四節気　大寒（1月20日～2月3日）

二十四節気　立春（2月4日～2月18日）

十一日

十二日　初午

初午が行われる日は二月の最初の午の日なので、年によってかなり前後します。

十三日

十四日

十五日

十六日

十七日

十八日

十九日

二十日

二十四節気　立春（2月4日～2月18日）

雨水

二十一日

二十二日

二十三日

二十四日

二十五日

二十六日

二十七日

二十八日

二十九日（閏《うるう》日）

二十四節気　雨水（2月19日～3月4日）

※二十四節気、雑節は、年によって数日のズレが生じます。

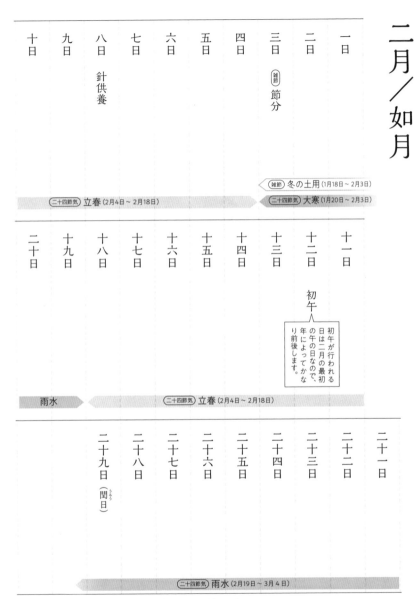

雑節

# 節《せつ》分《ぶん》

豆をまいて鬼や悪霊を追い払う

二月三日（年によっては二日や四日）の節分には、多くの家々で豆まきをします。また神社やお寺でも、その年の干支《えと》生まれの年男たちが、集まった人々を前にして豆まきをします。

古来、季節の変わり目は、鬼などの妖怪や悪霊が集まり、疫病や災いをもたらすと考えられていました。そこで、「鬼は外、福は内」と大きな声で豆をまくことによって、自分の家から鬼を打ち払おうとしたのです。

煎った豆は「福豆」と呼ばれ、その豆をまき、自分の年齢の数だけ（あるいは年齢の数プラス一個という地域もある）食べることで、邪気を追い払い、病に勝つ力がつくと考えられていました。

また、鬼を打ち払うのに、なぜ豆を「まく」と表現するのかというと、農作業で畑に豆をまくしぐさを表しており、農民たちの豊作を願う気持ちが込められているともいいます。

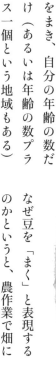

# 節分の由来

## 旧暦の大晦日に行われていた行事

節分の行事は、もともとは古代中国で、大晦日に行われていた「追儺《ついな》」という行事に由来します。これは、邪鬼や疫病などを打ち払うため、鬼の面をかぶった人を、桃の木で作った弓矢で射って追い払うというものです。

これが奈良時代に日本に伝わり、平安時代には宮中で大晦日の行事として、盛んに行われるようになりました。

このころには、ヒイラギの枝にイワシの頭を刺して家の門にかかげる、節分特有の飾りも広まりました。ヒイラギの葉にはトゲがあり、またイワシは生臭物《なまぐさもの》であったため、魔除けの効果があると信じられていたためです。

鬼を追い払うために豆をまくという行事が定着したのは、室町時代中期以降のことで、江戸時代になって一般庶民の間にも広まりました。

二十四節気

# 立《りっ》春《しゅん》

旧暦の新年であり、ここから春の始まり

2月4日～18日ごろ

二十四節気では、この「立春」から春が始まり、旧暦では、この日から一年が始まります。つまり、前日（二月三日、または四日）が本来の大晦日で、節分は大晦日の行事だったのです。それが、新暦に変わった現在では、立春前日の行事に変わりました。

お正月の挨拶に「初春」や「迎春」という言葉が使われるのも、本来は新年と春の始まりが一緒だったから。いまでも、中国や台湾などでは立春を「春節《しゅんせつ》」と呼び、新しい年の始まりとして盛大に祝っています。

実際にはまだ寒さが続く時期ですが、寒の内は前日の節分で終わり、ここから少しずつ日差しが変わって春らしさがやって来ます。

# 初午《はつうま》

二月最初の午の日に、稲荷神社で行われる祭り

午《うま》の日とは、十二支の午にあたる日のことで、十二日ごとに回ってきます。この午の日に厄除けに行くのがよいとされ、なかでも二月最初の午の日を「初午」といって、稲荷神社で祭りが行われます。

もともとは、和銅四（七一一）年の二月の午の日に、京都の伏見稲荷大社に祭神が降臨したのを祀《まつ》ったことが始まりです。その後、縁日として、全国各地の稲荷神社で祭礼が行われるようになりました。

稲荷神社の「稲荷」とは、「いね・なり」から来ているともいわれ、本来は五穀豊穣を祈願していました。やがて信仰が広まり、都会では商売の、漁村では豊漁の守護神として、いまでも多くの人々の信仰の対象となっています。

# 針供養

## 生活に欠かせない針を供養し、上達と安全を祈る

二月八日には、日ごろ使っている針を供養する行事があります。江戸時代から始まったもので、この日、女性は針仕事を休み、折れたり、曲がったりして使えなくなった針をこんにゃくや豆腐、餅などに刺して、川に流しました。また、近くの神社やお寺に針を持ち寄って供養しました。

こうして日常生活に欠かせない針に感謝を捧げるとともに、針仕事の上達と安全を祈ったのです。

この針供養は、地域によっては二月八日と十二月八日の年二回行います。この二日は事始めと事納めという厄日に当たるため、針仕事を休んで針の供養をするようになったといわれます。

コラム

### サワラ
**春を告げる魚**

サワラは「鰆」と書くように春を告げる魚であり、この時期、脂がのって旨味が増します。サワラの語源は、胴体が細いことから、江戸時代の儒学者・貝原益軒《かいばらえきけん》が「狭い腹」→「狭腹《さわら》」と紹介したことによるといわれます。淡白な味わいなので、西京焼きが王道ですが、刺身や塩焼きで、ほんのりとした甘みを味わうのもいいもの。

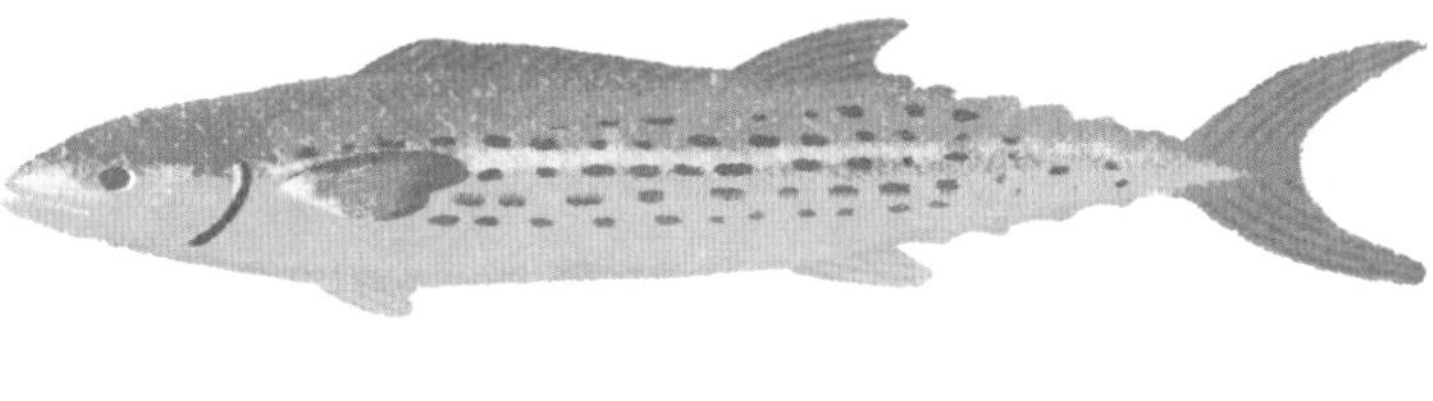

# 梅見

梅の花を観賞する
貴族の優雅な遊び

初春に咲き出し、春の訪れを告げるのが梅の花。現在は「花見」といえば桜ですが、昔は梅を愛でることを指し、「梅見」や「観梅《かんばい》」ともいいました。

梅の原産地は中国で、白梅、紅梅の順に渡来し、奈良時代には貴族の間で梅見の風習が生まれました。いまでも、梅の名所である水戸の偕楽園《かいらくえん》をはじめ、梅の季節には各地の梅林が梅見客でにぎわい、気品ある花の姿や豊かな香りを楽しんでいます。

二十四節気

# 雨《う》水《すい》

雪や氷が
雨や水に変わる

2月19日～
3月4日ごろ

ちらつく雪が雨に変わり、池や川の氷が解けて水に変わるころ。大地が温かくうるおってくるので、草木が芽吹き始めます。昔から、雨水は畑仕事などの農作業を始める目安とされてきました。

［年中行事と季節のしきたり］

# 三月／弥生《やよい》

花月《かげつ》
花見月《はなみづき》
早花咲月《さはなさづき》
夢見月《ゆめみづき》

「弥生」は、「いよいよ」を表す「弥《いや》」と、「生い茂る」の「生《おい》」をあわせた「弥生《いやおい》」（＝いよいよ生い茂る）から転じた、春らしい名称です。三月の別称に使われている「花」とは桜のことで、「夢見月」は桜を意味する「夢見草《ゆめみぐさ》」から来ています。暦の上では春爛漫となる三月には、お彼岸にお墓参りをしたり、野山や海辺に出かけたりする風習があります。

# 三月／弥生

一日

二日

三日　ひな祭り（上巳の節句）

四日

五日

六日

七日

八日

九日

十日

二十四節気　雨水（2月19日～3月4日）

二十四節気　啓蟄（3月5日～3月19日）

十一日

十二日

十三日

十四日

十五日

十六日

十七日

十八日

十九日

二十日

二十四節気　啓蟄（3月6日～3月19日）

雑節　春のお彼岸（3月17日～3月23日）

二十一日

二十二日

二十三日

二十四日

二十五日

二十六日

二十七日

二十八日

二十九日

三十日

三十一日

雑節　春のお彼岸

二十四節気　春分（3月20日～4月3日）

※二十四節気、雑節は、年によって数日のズレが生じます。

# ひな祭り

## ひな人形を飾り、女の子の幸せを願う

三月三日は、五節句のひとつである「上巳《じょうし》の節句」にあたり、この日に、女の子の成長と幸せを願う「ひな祭り」が行われます。

そもそも古代中国では、三月最初の巳《み》の日に、川に入ってケガレを清める「上巳節」という行事がありました。それが日本に伝わり、貴族の女の子たちの人形遊びである「ひいな遊び」と合わさって、ひな祭りの原型ができました。いまでも一部の地域には、子どものケガレをひな人形に移して、川や海に流す「流しびな」の風習が残っています。

近世になってそれが貴族から武家社会に伝わり、江戸時代には、ひな段にひな人形を並べて桃の花を飾るという現在に近い形となり、庶民の間に広まっていきました。

この日は、白酒《しろざけ》（甘酒）、ひし餅、ハマグリのお吸い物などで祝います。

ちなみに、桃の木は、中国で悪魔を打ち払う神聖な木とされていたため、ひな祭りに飾られるようになり、そこから、ひな祭りのことを「桃の節句」ともいうようになりました。

# ひな飾り・ひな料理

## ひな人形を七段飾りにし、ぼんぼりと桜、橘も添える

ひな祭りに飾るひな人形は、七段飾りが基本です。一段目に男女の内裏《だいり》びな、二段目に三人官女《かんじょ》、三段目に五人囃子《ばやし》、四段目に随身《ずいしん》（男性武官二人）、五段目に仕丁《しちょう》（傘や沓《くつ》台《だい》を持った三人）、六〜七段目にひな道具を飾ります。

ひな段には、内裏びなの両端にぼんぼりを飾り、それに加えて、京都の平安宮内裏の前庭に植えられている桜と橘《たちばな》を模して、左に桜（左近《さこん》の桜）、右に橘（右近《うこん》の橘）を飾るのが習わしです。

お祝いの料理には、ひし餅、ひなあられ、白酒（甘酒）、ハマグリのお吸い物、散らしずしなどを用意します。ひし餅は、上からピンク、白、緑の餅が重なったもので、ピンクは桃を表し、緑は邪気を払うとされる薬草のヨモギで作ります。

お吸い物のハマグリは、対である貝殻としかぴたりと合わないことから、夫婦和合の象徴として、女の子の幸せな結婚を願って食べられてきました。

俗に、ひな人形は長く飾ると女の子の婚期が遅れると考えられ、ひな祭りがすんだ翌日以降、なるべく早く片づけるとされています。

# 啓蟄《けいちつ》

二十四節気

3月5日～

3月19日ごろ

冬眠していた虫が目覚めるころ

「啓」は開くこと、「蟄」は虫が冬眠すること。少しずつ気温が上がっていく啓蟄の時期になると、土の中にこもっていた虫たちが、地上に顔を出し始めます。

また、雷が多いときでもあり、この時期に鳴る雷を「虫出しの雷《らい》」とも呼んでいました。

# 春分《しゅんぶん》

二十四節気

3月20日～

4月3日ごろ

昼と夜の長さが同じになる日

春分は、太陽が真東から昇って真西に沈む日であり、昼と夜の長さがほぼ同じになります。二十四節気では、二月頭の立春から春が始まりますが、実際に暖かくなるのは春分のころからです。

昔は、このころから、春の一日を野山や海辺に出かけ、飲食をして過ごす風習がありました。これを「野遊び」「磯遊び」といい、野山では春菜を摘んだり、磯辺ではアサリやハマグリ、磯菜《いそな》（海藻）を獲ったりしました。

しかし、これは行楽というより、本格的な農作業に入る前に、山や海の自然の幸をいただき、神とともに飲食をする神事でもあったのです。それが後に、行楽的なピクニックや潮干狩りに変わっていきました。

雑節

# 春のお彼《ひ》岸《がん》

祖先のお墓参りをし、ぼた餅を供えて供養する

春分の日をはさんで、前後三日ずつの一週間を「春のお彼岸」といいます。春分は太陽が真西に沈むため、仏教で西方の遙かかなたにあるといわれる極楽浄土にちなんで、この期間中に仏事をするようになりました。

お寺では彼岸会《ひがんえ》という法要が行われ、お坊さんが読経や説法などをし、檀家《だんか》の人たちは祖先の墓参りをし、ぼた餅を作って仏前に供えます。ぼた餅（牡丹餅）は、旧暦のこの時期に咲くボタン（牡丹）の花にちなんで名づけられたといわれます。

ちなみに、「彼岸」とは仏教用語で向こう岸という意味で、一切の悩みを捨て去った悟りの境地を指します。これに対し、生死の苦しみに迷う現世が「此岸《しがん》」です。この仏教思想に、日本古来の祖先信仰が合わさって、お彼岸行事が生まれました。

コラム

## 山菜

### 苦みに浄化作用がある早春の味

早春に土の中から顔を出すフキノトウをはじめ、ゼンマイ、タラの芽、フキ、コゴミといった山菜が、いろいろ出回る季節です。山菜は山に自生する野草のことで、苦みがありますが、その苦みが冬の間に体にたまったいらないものを浄化するといわれ、古くから食用にされてきました。

［年中行事と季節のしきたり］

# 四月／卯月《うづき》

卯《う》の花月《はなづき》
花残月《はなのこりづき》
木葉採月《このはとりづき》
鳥待月《とりまちづき》

旧暦の四月は、ちょうど「空木《うつぎ》」の花の咲き乱れるころ。空木は、小さな白い花をたくさんつける花木で、別名「卯の花」とも呼ばれます。それが月名に転じて、「卯の花月」から「卯月」となりました。

また、桜がまだ見ごろであるため「花残月」ともいい、その後には青々とした若葉が見られます。その若葉を採って蚕《かいこ》に与えていたので、「木葉採月」ともいいました。

# 四月／卯月

一日

二日

三日

四日

五日

六日

七日

八日 花祭り

九日

十日

（二十四節気）春分（3月20日～4月3日）

（二十四節気）清明（4月4日～4月18日）

十一日

十二日

十三日

十四日

十五日

十六日

十七日

十八日

十九日

二十日

（二十四節気）清明（4月4日～4月18日）

穀雨

（雑節）春の土用（4月16日～5月4日）

二十一日

二十二日

二十三日

二十四日

二十五日

二十六日

二十七日

二十八日

二十九日

三十日

（雑節）春の土用（4月16日～5月4日）

（二十四節気）穀雨（4月19日～5月4日）

※二十四節気、雑節は、年によって数日のズレが生じます。

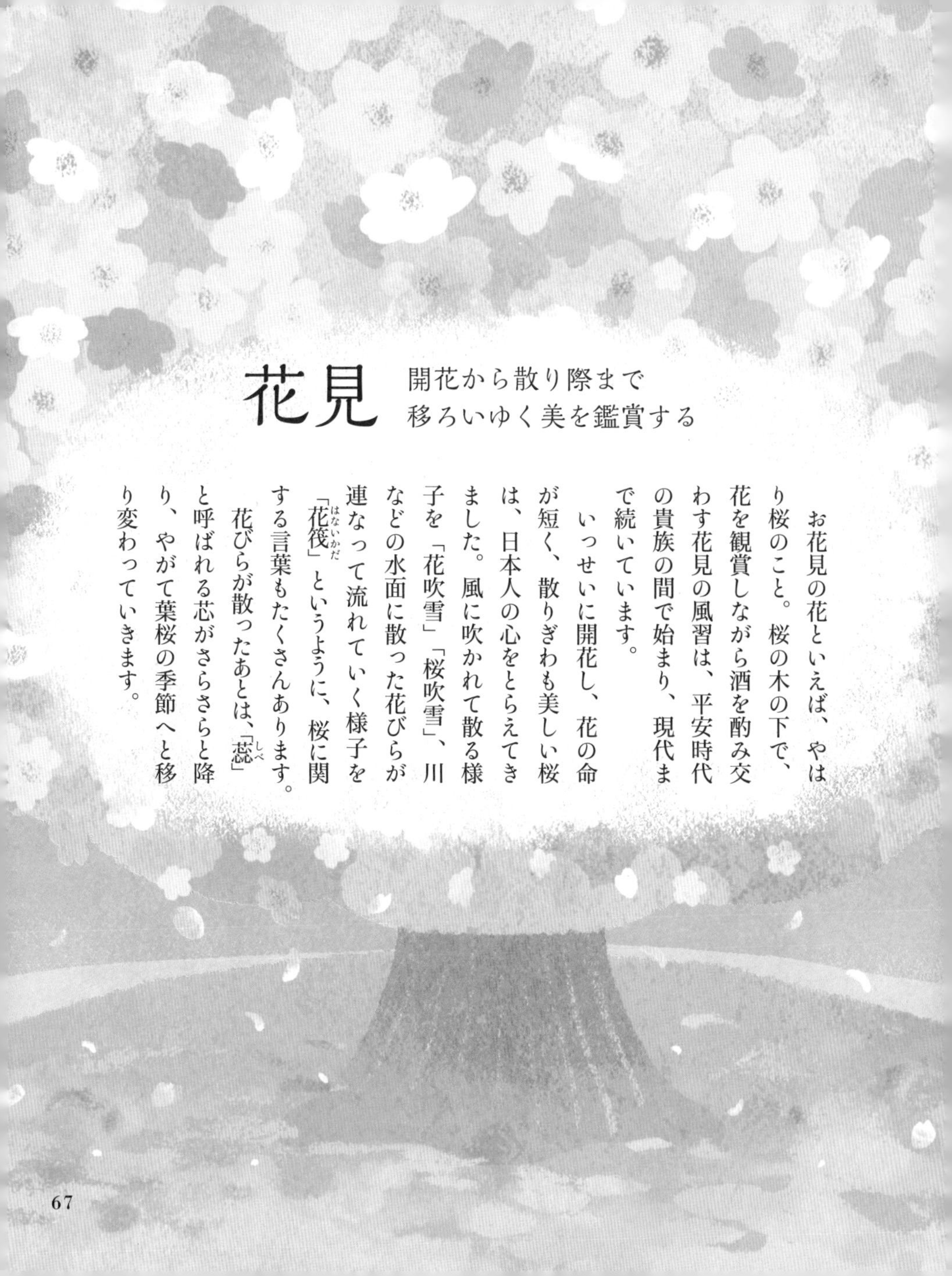

# 花見 開花から散り際まで移ろいゆく美を鑑賞する

お花見の花といえば、やはり桜のこと。桜の木の下で、花を観賞しながら酒を酌み交わす花見の風習は、平安時代の貴族の間で始まり、現代まで続いています。

いっせいに開花し、花の命が短く、散りぎわも美しい桜は、日本人の心をとらえてきました。風に吹かれて散る様子を「花吹雪」「桜吹雪」、川などの水面に散った花びらが連なって流れていく様子を「花筏《はないかだ》」というように、桜に関する言葉もたくさんあります。

花びらが散ったあとは、「蕊《しべ》」と呼ばれる芯がさらさらと降り、やがて葉桜の季節へと移り変わっていきます。

二十四節気

# 清明《せいめい》

万物が清らかで明るい気が満ちるころ

4月4日〜18日ごろ

清明とは「清浄明潔《せいじょうめいけつ》」を略した言葉で、この時期、春の暖かい陽の下で、万物が清らかな気に満ちて、明るく輝き出します。中国ではこの時期に墓参りをする風習がありますが、日本では沖縄の清明祭《シーミー》に受け継がれています。これは親族が花や料理を持ち寄って墓に集まり、飲食をして祖先を供養するものです。

コラム

## エイプリルフール その前は「不義理の日」だった

四月一日のエイプリルフールは「嘘をついてもよい日」として知られており、世界中のメディアや企業が笑える嘘を発信する習慣があります。日本では大正時代に、「四月馬鹿」として広がりました。これが広まる前、江戸時代の四月一日はというと、中国から伝来した「不義理の日」で、日ごろご無沙汰をしている人に手紙を書いて、不義理を詫びる日だったようです。

西洋の嘘をついてもいい日と、東洋の不義理を詫びる日、正反対なのも面白いものですね。

# 花祭り

お釈迦様の像に甘茶をかける

毎年四月八日に行われる行事に「花祭り」があります。これは釈尊《しゃくそん》、つまりお釈迦様《しゃかさま》の誕生日とされる四月八日を祝う行事で、もともとは「灌《かん》仏会《ぶつえ》」「仏生会《ぶっしょうえ》」とも呼ばれていました。

この日は、ほとんどのお寺で、境内にいろいろな花で飾った花御堂《はなみどう》という小さなお堂を作り、水盤の上に釈迦の立像を置きます。そして、参詣人はこの釈迦像の頭上から、竹杓子《たけじゃくし》で甘茶を注いで拝むのが習わしとなっています。

甘茶を注ぐのは、お釈迦様が生まれたとき、天から九頭《くず》龍《りゅう》がきれいな水を吐いて、産湯につかわせたという伝説によるもの。

花祭りはインドで起こり、日本には奈良時代に伝わりました。当時は釈迦像に五種の香水を注いでいましたが、江戸時代になると、甘茶をかける形に変わっていきました。

雑節

# 春の土《ど》用《よう》

土用は季節の変わり目の体調を管理するとき

土用とは雑節《ざっせつ》（P.18参照）のひとつで、立夏・立秋・立冬・立春それぞれの直前、約十八日間をいいます。春の土用とは、立夏（五月五～六日ごろ）の前の十八日間で、四月十六～十七日ごろに始まります。

いずれの土用も、その間は「土」の神が気を支配するといい、土を動かしてはいけないとされてきました。そのため、土を掘り起こすことが禁じられ、造園や工事、建築、引っ越しなどがタブーとされています。

また、土用は季節と季節の変わり目であるため、体調管理が重要とされる時期でもあります。春の土用は、戌《いぬ》の日に「い」のつくものや白いものを食べる習慣があります。いちご、いんげん、いわし、豆腐、大根、しらすなどを食卓にあげ、季節が移る時期の体調を整えましょう。

二十四節気

# 穀《こく》雨《う》

暖かい雨が穀物を育てるころ

4月19日～5月4日ごろ

穀雨とは「穀物を育てる雨」という意味で、この時期の暖かな雨が田畑を潤し、穀物の成長を助けます。昔から、変わりやすかった春の天候がこのころになると安定するため、田植えの準備を始める目安とされていました。五月の立夏までのこの時期は、春が終わる晩春の候でもあります。

［年中行事と季節のしきたり］

# 五月／皐月《さつき》

田草月《たぐさづき》
菖蒲月《あやめづき》
橘月《たちばなづき》
五月雨月《さみだれづき》

いよいよ田植えのシーズンが始まる五月は、早苗を植えることから「早苗月《さなえづき》」と呼ばれるようになり、それを略して「皐月」になったといいます。「菖蒲」や「橘」はこの時期に咲く花のこと。「菖蒲」と同じ字を使いますが、端午の節句で使われる「菖蒲《しょうぶ》」は、全く別のもの。こちらは薬草の一種で、ショウブ湯に入るなど、邪気を払い清めるために使われます。

# 五月／皐月

一日 （雑節）八十八夜

二日

三日

四日

五日 端午の節句

六日

七日

八日

九日

十日

（雑節）春の土用（4月16日～5月4日）

（二十四節気）穀雨（4月19日～5月4日）

（二十四節気）立夏（5月5日～5月19日）

十一日

十二日

十三日

十四日

十五日

十六日

十七日

十八日

十九日

二十日

（二十四節気）立夏（5月5日～5月19日）

小満

二十一日

二十二日

二十三日

二十四日

二十五日

二十六日

二十七日

二十八日

二十九日

三十日

三十一日

（二十四節気）小満（5月20日～6月4日）

※二十四節気、雑節は、年によって数日のズレが生じます。

雑節

# 八《はち》十《じゅう》八《はち》夜《や》

## 茶摘みの季節であり、農事を始める日

八十八夜とは、立春から数えて八十八日目に当たる日のことで、現在でいえば五月一～二日ごろになります。「夏も近づく八十八夜……」の歌で知られるように、茶摘みの季節であり、この日に摘まれた新茶の葉は上等とされ、長寿の縁起物としても珍重されています。

また、「八十八夜の別れ霜」といわれるように、霜が終わる時期であるため、農村では田の苗代《なわしろ》作りや、畑で種まきを始める目安の日とされてきました。

とくに「八十八」は漢字の「米」に通じ、末広がりの「八」が重なる縁起の良さもあり、この日に、田の神に供え物をして豊作祈願もしました。

# 端《たん》午《ご》の節句

中国では薬草で
邪気を払う日だった

五月五日に行われる「端午の節句」は、五節句のひとつです。男の子のいる家では鯉のぼりを立て、五月人形を飾り、ショウブ（菖蒲）湯に入ったりします。

この行事は中国で始まったもので、薬草であるショウブやヨモギを門につるしたり、ショウブ酒にして飲むなどして、邪気払いをしていました。これが日本に伝わって、「端午の節句」になりました。

端午の「端」とは「初」を意味し、「午《ご》」は午《うま》の日のことで、本来、端午とは五月最初の午の日を指していました。やがて、午《ご》が五《ご》に通じることや、五が重なることから、五月五日に変わったといいます。

もともと日本での端午の節句は、女性の日でした。田植えが始まる前に、早乙女《さおとめ》と呼ばれる若い娘たちが、仮小屋や神社などにこもってケガレを払い清めたの

です。これを「五月忌み《さつきいみ》」といい、田の神の祭りに対して、女性が厄払いをする日でした。

男の子の祭りに変わっていったのは平安時代からで、この時代、宮中では馬上から矢を射たり、競馬《くらべうま》などの勇壮な行事を行うようになりました。

やがて、端午の節句で使われるショウブが、武事を尊ぶ「尚武《しょうぶ》」や「勝負」に通じることから、男の子がショウブを体につけたり、ショウブで作った兜で遊ぶようになり、男の子の節句へと変わったのです。

さらに、江戸時代になると、武者人形を家のなかに飾るようになり、また中国の「鯉《こい》は龍門《りゅうもん》の滝を登って龍になる」という故事にあやかり、我が子の出世を願って鯉のぼりを立てるようになりました。

ちなみに、「龍門」とは中国の黄河《こうが》の上流にある急流で、出世への関門を表す「登竜門」という言葉の語源にもなっています。

# ちまき・柏餅

端午の節句に欠かせない行事食

端午の節句には、ちまきや柏餅《かしわもち》を食べる習慣があります。

ちまきとは、もち米を笹の葉などで包んで蒸したもので、これは中国の伝説に由来しています。古代中国・楚《そ》では、詩人であった屈原《くつげん》が五月五日に川に身を投じて死んだことを悲しんだ人々が、命日になると、竹筒に米を入れて川に投げ入れていました。ところがある年、屈原の霊が現れて、「米を龍にとられるので、竹筒ではなくて、龍が嫌う楝樹《れんじゅ》（センダン）の葉で包み、糸で結んでほしい」といったといいます。現在では笹の葉で代用され、今の形になりました。

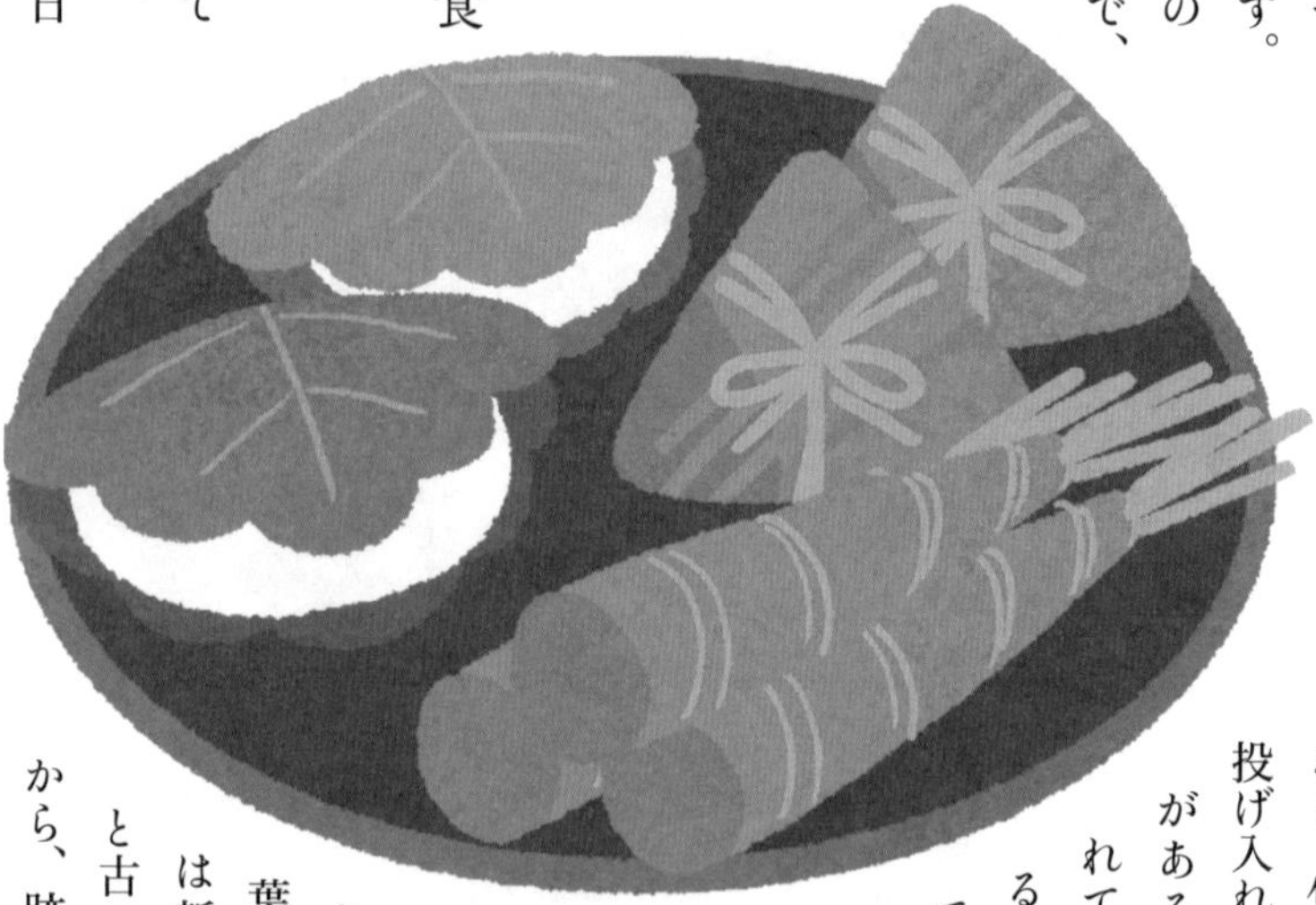

また、柏餅とは、あん入りの餅を柏の葉で包んだもので、柏は新しい葉が生えないと古い葉が落ちないことから、跡継ぎが絶えないようにという願いが込められています。

二十四節気

# 立《りっ》夏《か》

5月5日～19日ごろ

青く澄んだ空に新緑の木々が映える季節

この日から夏が始まります。木は新緑に覆われ、田畑ではカエルが鳴き始め、万物に力強さがみなぎってきます。空は青く澄み渡り、さわやかな薫風が吹きわたる気持ちのいい季節です。

この日は、昼と夜の長さが同じになる春分と、昼が一番長くなる夏至のちょうど真ん中にあたり、ここから始まる夏は、八月の立秋の前日まで続きます。

コラム

## 五月《さつき》晴《ば》れ・五月雨《さみだれ》

もとは旧暦の梅雨に関する言葉だった

「五月晴れ」という言葉があるように、五月には晴れ渡った青空がよく見られます。しかし、旧暦の五月は現在の六月にあたるため、実は、梅雨の真っ最中であり、五月晴れとは、梅雨の合間に見られる晴れのことを指していました。

また、「五月雨」とは、字のごとく五月に降る雨ではありますが、旧暦では、梅雨を意味していました。「五月雨をあつめて早し最上川」という松尾芭蕉の句は、梅雨の長雨のことを詠んだものです。

ちなみに、「五月雨式」という言葉は、梅雨どきのだらだら続く雨からの連想で、物事を徐々に行っていくことを表しています。

# 初ガツオ

初物を好む江戸っ子が珍重した

粋を好む江戸っ子は、食べ物の旬にもこだわりました。江戸時代の俳人・山口素《そ》堂《どう》が詠んだ「目には青葉 山時鳥《やまほととぎす》 初《はつ》松魚《がつお》」からもわかるように、とくに珍重されたのが初ガツオです。実は、カツオには、脂ののった秋の「戻りガツオ」もあり、どちらが美味しいかは意見の分かれるところですが、初物を好む江戸っ子気質は、現代にも受け継がれています。

# 小《しょう》満《まん》

二十四節気

5月20日～
6月4日ごろ

万物がすくすくと育ち、気が満ちていくとき

満とは、あらゆる生命の気が満ちることであり、この時期は、満に向かって万物が成長し、日差しも強くなっていきます。蚕《かいこ》が盛んに桑の葉を食べ、染料や食用油の原料となるベニバナの花が咲き、麦の穂が実る、農事の繁忙期《はんぼうき》でもあります。

［年中行事と季節のしきたり］

# 六月／水無月《みなづき》

水張月《みずはりづき》
風待月《かぜまちづき》
涼暮月《すずくれづき》
蟬の羽月《せみのはづき》

六月といえば梅雨の季節ですが、旧暦の六月は現在の七月にあたるため、すでに梅雨が明けていました。そこから「水無月」と呼ばれるようになったといいます。また、田植えが終わって、田んぼに水を張る時期なので、「水張月」の呼び名も。「風待月」は、梅雨明け後の日照りの気候を、「涼暮月」は、そうはいっても夕暮れには涼しくなる気候を表しています。

# 六月／水無月

一日　衣替え
二日
三日
四日
五日
六日
七日
八日
九日
十日　(雑節) 入梅

(二十四節気) 小満 (5月20日～6月4日)
(二十四節気) 芒種 (6月5日～6月20日)

十一日
十二日
十三日
十四日
十五日
十六日
十七日
十八日
十九日
二十日

(二十四節気) 芒種 (6月5日～6月20日)

二十一日
二十二日
二十三日
二十四日
二十五日
二十六日
二十七日
二十八日
二十九日
三十日　夏越の祓

(二十四節気) 夏至 (6月21日～7月5日)

※二十四節気、雑節は、年によって数日のズレが生じます。

# 衣替え

冬服から夏服へと
制服が替わる日

六月一日になると、学校や職場の制服が一斉に冬服から夏服に替わります。

「衣替え」は「更衣《こうい》」ともいい、平安時代の宮中では、四月と十月の一日に行われていました。とくに四月一日の更衣は、綿入りの衣服から綿を抜くため、「綿貫《わたぬき》」といいました。

やがて、衣替えは民間にも広まっていきましたが、四月に裏地のない「単衣《ひとえ》」の着物に替えるのは気候的に合わないという難点がありました。

そこで、江戸幕府は、四月一日から五月四日までは裏地のある「袷《あわせ》」、五月五日から八月末日までは裏地のない「帷子《かたびら》」、九月一日から同月八日までは「袷」、九月九日から三月末日までは防寒用の「綿入れ」を着るという、一年に四回の衣替えを取り決め、民間でもそれに準じて衣替えをするようになりました。

そして明治時代になると、洋服を着るようになったのを機に、政府は六月一日を「夏の衣替え」、十月一日を「冬の衣替え」の目安とし、それが今日まで続いています。

雑節

# 入梅《にゅうばい》

江戸時代から重要な梅雨入りの日

入梅は雑節のひとつで、毎年、六月十～十一日ごろにあたります。古くから、梅雨入りの時期を知ることは田植えにとって重要であり、入梅は江戸時代から暦に記されてきました。梅雨に「梅」の字が使われているのは、梅が熟すころの雨という意味で、平安時代に生まれた言葉です。

二十四節気

# 芒種《ぼうしゅ》

田の神様に祈願をし、田植えを始める季節

6月5日～20日ごろ

「芒《のぎ》」とは、イネ科の植物の穂先にあるヒゲ状のもののことで、芒種《ぼうしゅ》とは「稲の種」。つまり、田植えを始めるころということです。

そこで、昔からこの時期に、収穫までの無事を祈る神事が行われてきました。いまでも住吉大社の「御田植神事《おたうえしんじ》」が有名ですが、笛や太鼓が田んぼに繰り出して、田の神様に祈りを捧げ、赤いたすきに腰巻姿の早乙女たちが並んで、稲を植え付けます。

水田に一直線に並ぶ若苗が何とも清々しい季節の到来です。

# 梅漬け

## 梅干しや梅酒は薬用のある保存食

梅は弥生時代に中国から伝来し、以来、花は観賞用に、実は食用・薬用として重宝されてきました。平安時代の中頃には「梅干し」が書物に登場し、天皇の病が治癒《ちゆ》したと書かれています。

この時期、初春に花を咲かせた梅の木に、丸々とした実が成り、色づき始めます。それを青梅のうちにもいで梅酒や梅ジュースにしたり、黄色く熟したものを梅干しや梅ジャムにするなど、梅の実を使った保存食づくりは昔から行われてきました。

梅干しは「一日一粒で医者いらず」といわれるほど効能が多く、戦国時代は戦場での息切れ防止薬として、江戸時代には庶民の健康食として広まりました。現代でも、白米に赤い梅干し一個を入れるのが、お弁当作りの定番ともいえます。

梅酒が歴史に登場するのは、江戸時代に著された『本朝食《ほんちょうしょっ》鑑《かん》』から。暑気あたりや下痢止めに効果があることから、夏の風物詩として人気になりました。「年を経てもっとも佳なり」とも記されているように、古酒の楽しみもあります。

二十四節気

# 夏《げ》至《し》

暦の上では夏真っ盛りのころ

6月21日～7月5日ごろ

二十四節気の「夏至」は、一年で一番昼が長く、一番夜が短い日。実際の天候は、まだ梅雨の真っ最中ですが、盛夏はすぐそこまで来ています。ちなみに、太陽が真上に来る正午は、一年でもっとも影が短くなるときなので、自分の影を見てみるのも一興です。

夜が短いこのころに使う言葉に「短夜《みじかよ》」があります。これは俳句の季語でもあり、『万葉集』の時代から使われている言葉。いにしえの歌人は、男女の逢瀬の時間が短くて切ないと歌っていました。

コラム

## 紫陽花《あじさい》 色が七変化する梅雨どきの花

この時期、あちこちで見られる紫陽花は、雨に濡れる姿が美しい梅雨どきならではの花。別名「七変化」とも呼ばれるように、咲き初めの淡い黄緑から青や紫、赤紫へと色が変わるものもあります。花の色は土壌の酸性度によって決まるため、雨によって土の酸性度が変わると、色も変わるといわれています。

# 夏のしつらい

## 夏に向けて室内に「涼」を取り入れる

夏至を境に、夏日が増えてきます。昔から、この時期に「涼」を意識したしつらいに変える習慣があります。

しつらいとは、現代でいうインテリアのことで、座布団をさっぱりした麻やイグサのものに変えたり、籐《とう》でできた小物を飾ったりします。昔は、座敷のふすまや障子を開けっ放しにして風の通りをよくし、縁側にすだれやよしずを垂らしました。

食卓の器にも、涼しげなガラスのものを増やして、そうめんや冷奴などを楽しむのもいいものです。

# 夏《な》越《ごし》の祓《はらえ》

茅の輪をくぐって
半年分のケガレを払う

ちょうど一年の半分が終わるこの日は、「夏越の祓」、または「大祓《おおはらえ》」の日です。この半年でたまったケガレを払い落とし、これから先の半年の無病息災を願って、神社に立てられた「茅の輪《ちわ》」をくぐります。茅の輪とは、チガヤの葉を編んで作られたもので、チガヤは昔から、邪気を払う魔除けの葉として用いられてきました。

昔から、茅の輪くぐりのあとに、和菓子の「水無月《みなづき》」を食べる習わしがあります。その白いういろうは「氷」をかたどったもので、上に乗っている小豆には厄払いの意味があり、室町時代に、氷室から取り寄せた氷を食べて暑気払いをしたことの名残だといわれています。

［年中行事と季節のしきたり］

# 七月／文月《ふみづき》

七夜月《ななよづき》
女郎花月《おみなえしづき》
桐秋《とうしゅう》
秋初月《あきはづき》

「文月」は、七夕の行事で短冊に願い事や歌を書くことが転じ、文を書く月＝文月になったものです。一方、稲穂のふくらむ月ということで、「ふくみ月」が転じたという説もあります。「七夜月」の「七夜」は、七夕のこと。「女郎花」はこの時期に咲く花で、初秋を感じさせるもの。「桐秋」も、桐の葉が音を立てて落ちる様子が、秋の始まりを表すことからついた呼び名です。

# 七月／文月

一日 富士山の山開き（山梨側）／
雑節 半夏生

山開きの日は天候などによって変わる場合があります。

二日
三日
四日
五日
六日
七日 七夕
八日
九日
十日

二十四節気 夏至（6月21日～7月5日）
二十四節気 小暑（7月6日～7月21日）

十一日
十二日
十三日
十四日
十五日 中元
十六日 藪入り
十七日
十八日
十九日
二十日

二十四節気 小暑（7月6日～7月21日）
夏の土用

二十一日
二十二日
二十三日
二十四日
二十五日
二十六日
二十七日
二十八日
二十九日
三十日
三十一日

小暑
二十四節気 大暑（7月22日～8月6日）
雑節 夏の土用（7月19日～8月6日）

※二十四節気、雑節は、年によって数日のズレが生じます。

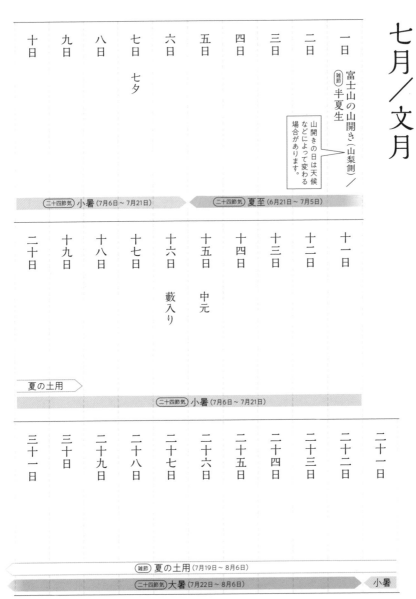

# 山開き

修行の場である霊山が一般に開放される日

日本において山は古くから信仰の対象であり、とくに霊山とされるところは、僧侶や山伏たちの修行の場でもありました。そのため一般の人は入山できず、禁を破ると天狗に襲われるといわれていました。

その山を一定期間だけ開くために、山の神にお伺いを立てて、安全祈願をする儀式が「山開き」であり、「開山祭」とも呼ばれます。山開きは四月ごろから全国各地の山で行われますが、富士山の山開きは、山梨ルートが七月一日ごろ、静岡ルートが七月十日ごろです。



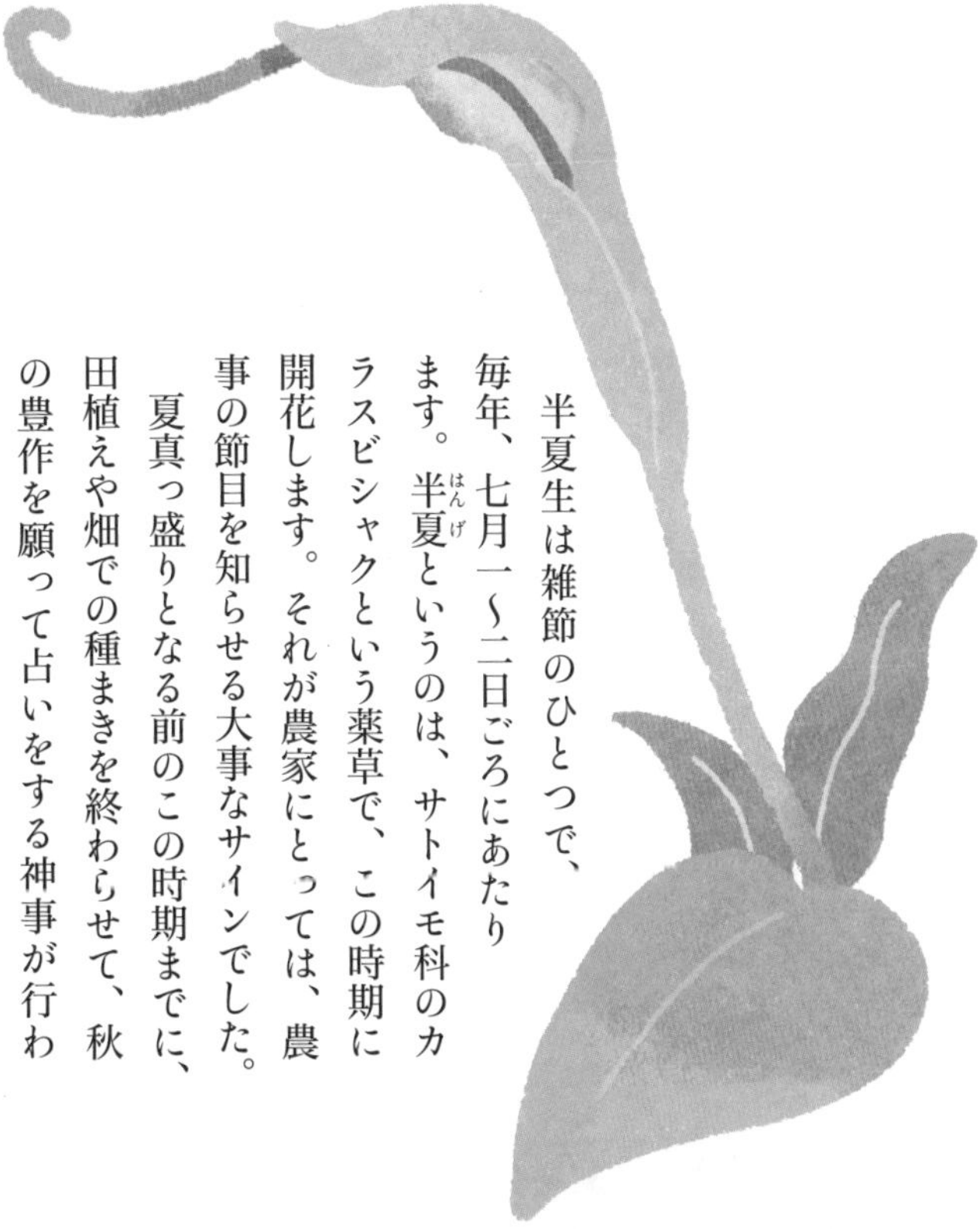

雑節

# 半《はん》夏《げ》生《しょう》

半夏という薬草が花を咲かせるころ

半夏生は雑節のひとつで、毎年、七月一〜二日ごろにあたります。半夏《はんげ》というのは、サトイモ科のカラスビシャクという薬草で、この時期に開花します。それが農家にとっては、農事の節目を知らせる大事なサインでした。

夏真っ盛りとなる前のこの時期までに、田植えや畑での種まきを終わらせて、秋の豊作を願って占いをする神事が行われていました。

# 七夕

## 日本と中国の伝説の合作だった

七月七日に行われる七夕（七夕祭り）では、五色の短冊などをつけた笹竹を飾り、夜空の星を眺めます。これは五節句のひとつで、日本に古くから伝わる棚織津女《たなばたつめ》の話と、中国に伝わる牽牛《けんぎゅう》星と織《しょく》女《じょ》星の伝説、このふたつの話にもとづいています。

日本の棚織津女の物語は、村の災厄を払うため、棚織津女が機屋《はたや》にこもって、天から降りてくる神の一夜妻になるという話。

また、中国の伝説は、夫婦であった牽牛と織女が天帝の機嫌をそこね、天の川をはさんで引き離されてしま

## 七月

い、一年に一度だけ、七月七日の夜に天の川にかかる橋で会うことを許された、という有名な伝説です。

この中国の伝説が奈良時代に伝わり、日本に古くから伝わる棚織津女の物語が合わさって、現在の七夕（七夕祭り）が生まれたと考えられています。

七夕が近づいてくると、それぞれの願い事を短冊に書き、笹竹に結びつけて七夕飾りをします。江戸時代には、この行事は手習い（習字）が上手になるようにとの願いから寺子屋などでさかんに行われ、その後、学校などでも学問や技芸の上達を願う行事として広まっていきました。

七夕祭りの翌日には、祭りに使った笹竹や飾りなどを川や海に流してケガレを払う「七夕送り」、または「七夕流し」という行事を行うほか、流しびなのように人形を流して送る地域もあります。

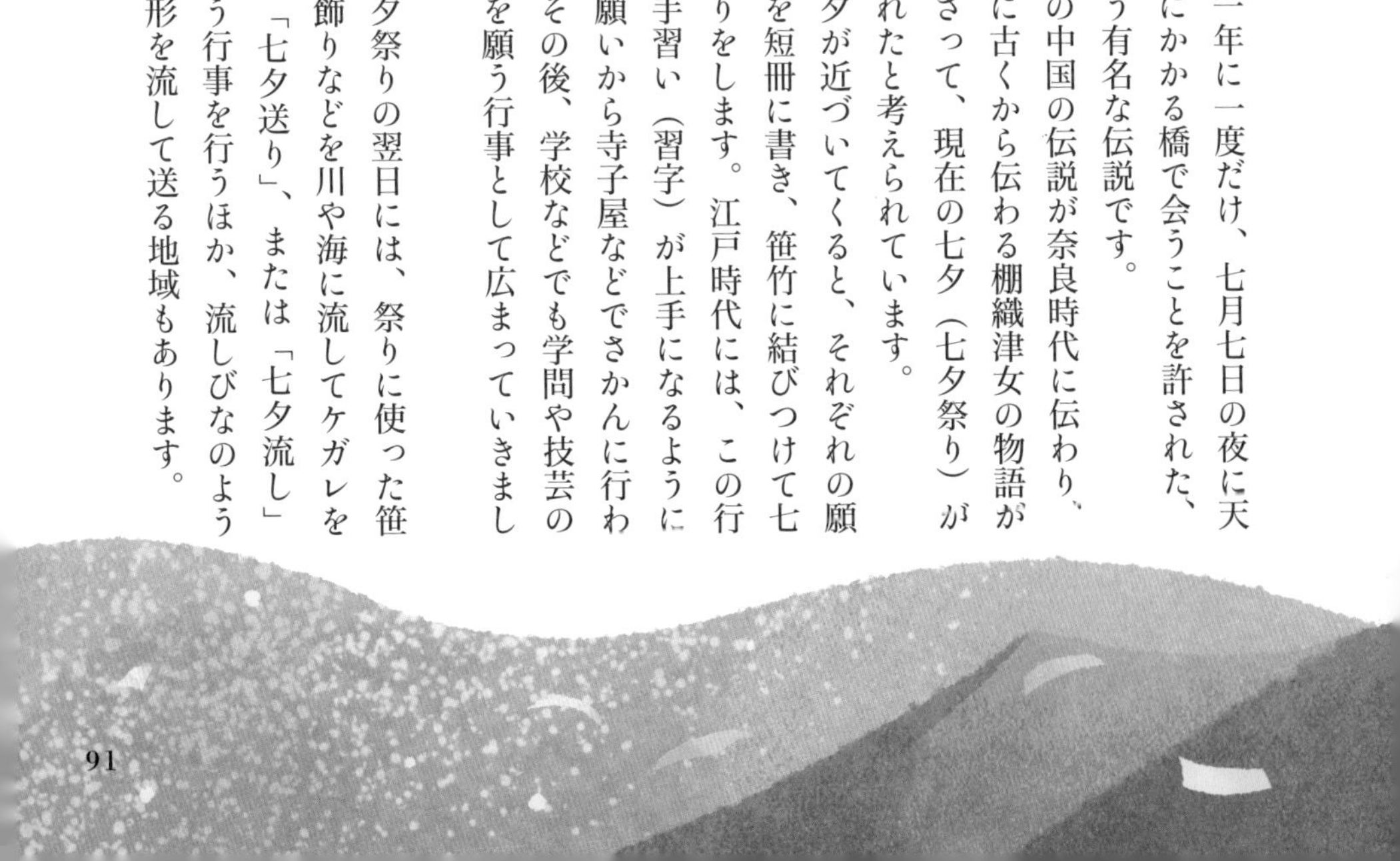

二十四節気

# 小《しょう》暑《しょ》

## 真夏を意味する暑中が始まる日

7月6日〜21日ごろ

そろそろ梅雨が明け、本格的な暑さが始まるころ。キュウリやトウモロコシといった夏野菜が旬を迎え、スイカやそうめんが恋しくなるころでもあります。この小暑から八月七日の立秋までを「暑中」というため、暑さをねぎらう「暑中見舞い」（P.190参照）を送るなら、この暑中の間にするのが習わしです。

# 中元

## 上半期のご挨拶として贈答する習慣に

古代中国では、一月十五日を「上元《じょうげん》」、七月十五日を「中元《ちゅうげん》」、十月十五日を「下元《かげん》」とし、中元には盂蘭盆会《うらぼんえ》の行事を行っていました。日本ではそれが「お盆」となり、祖先へ供物を捧げ、お世話になった人に贈り物をする習慣となりました。

現代の中元は、七月初めから十五日までの間に「お中元」（P.158参照）とし、上半期にお世話になったご挨拶として贈答するのが一般的です。

お盆は、旧暦の通りに（新暦の）七月に行う地域と、新暦に合わせて八月十五日に行う地域とがあります。

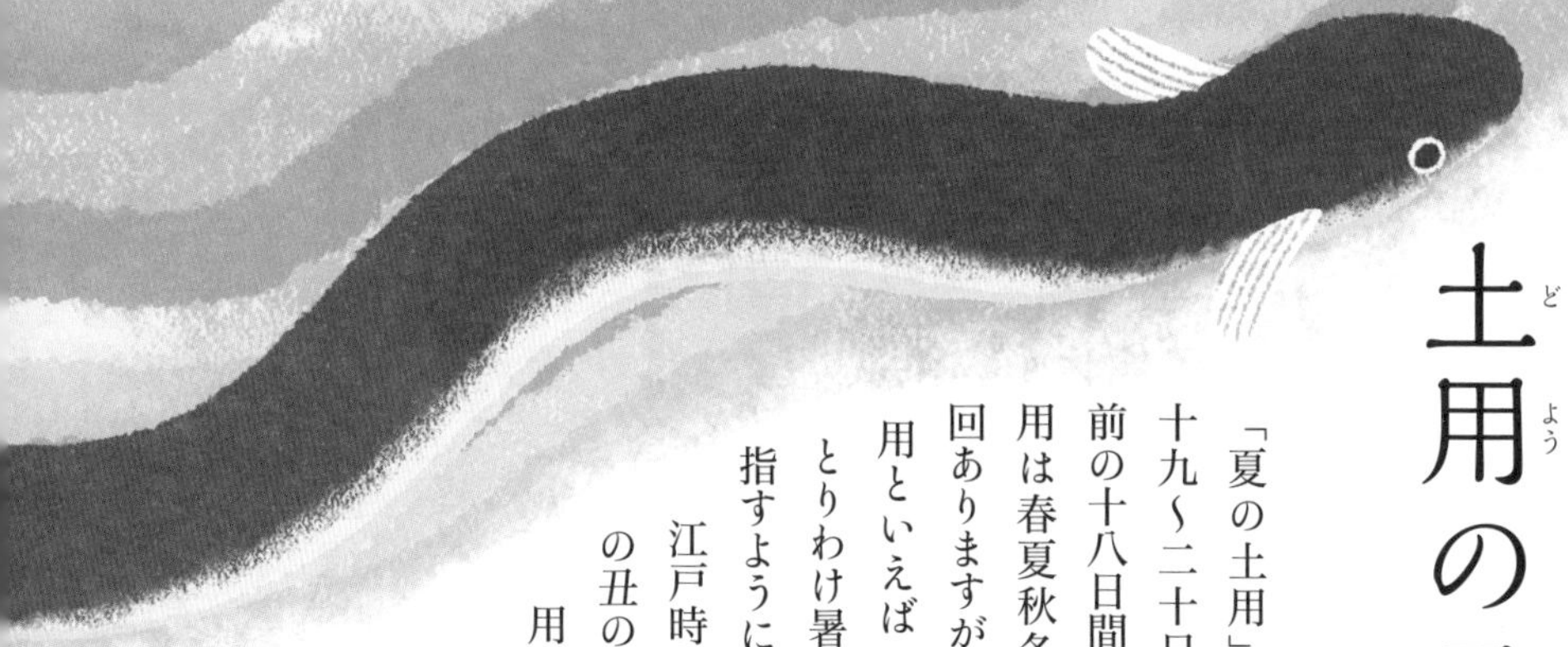

# 土《ど》用《よう》の丑《うし》の日

## 夏バテ予防にウナギを食べる

「夏の土用」は、毎年七月十九～二十日ごろから立秋前の十八日間を指します。土用は春夏秋冬ごとに年に四回ありますが、現在では、土用といえば一年のなかでもとりわけ暑い、夏の土用を指すようになりました。

江戸時代には、この間の丑の日をとくに「土用の丑の日」と重視し、この日に薬草を入れた風呂に入ったり、お灸をすえたりすると、夏バテや病気回復などに効き目があるといわれるようになりました。

また、丑の日にちなんで「う」のつくもの、たとえばウリ、ウナギ、梅干しなどを食べると体に良いとも信じられていました。

現在のように土用の丑の日に、とりわけウナギを食べる習慣は、江戸時代に蘭学者であった平賀源内が、ウナギ屋の宣伝策の一環として広めたといわれています。

二十四節気

# 大暑《たいしょ》

7月22日～
8月6日ごろ

## 夏真っ盛りのころ、かき氷で涼をとる

大暑《たいしょ》は、一年で暑さが極みに達するころ。江戸の町ではこの時期、「びわの葉茶売り」や「甘酒売り」が練り歩いていました。冷蔵庫のない時代、どちらも冷たくはないですが、東洋医学でいう「陰」の食材で暑気払いしていたのです。

現代なら、かき氷で涼をとるのも、盛夏ならではの楽しみです。ちなみに、かき氷は清少納言の『枕草子』にも登場するように、平安時代からありました。冬にできた天然氷を氷室に保存し、それが貴族などのもとに運ばれるという特権階級の贅沢品でした。

コラム

### 蓮《はす》
### 早朝に開花する神聖な花

「蓮は泥より出《い》でて泥に染まらず」という中国の句が示すように、蓮は池や沼に根を張り、泥水を吸い上げながらも、透き通るように清らかな大輪の花を咲かせます。古来、神聖な花とされ、仏教で「蓮の台《うてな》」と呼ばれる蓮の花をかたどった台座は、仏や菩薩《ぼさつ》が座するところです。開花時間は、日の出から九時ごろまでと朝早いので、蓮見に早朝散歩をするのもいいもの。

［年中行事と季節のしきたり］

# 八月／葉月《はづき》

木染月《こそめづき》
秋風月《あきかぜづき》
初来月《はつきづき》
穂張月《ほはりづき》

立秋を迎える八月は、暦の上では秋。旧名の「葉月」は、葉が落ち始める「葉落月《はおちづき》」から転じたものといわれます。「初来月」は、渡り鳥の雁《かり》が初めて南国から飛来するころという意味。「穂張月」は、稲の穂が張ってくるころを表しています。まだまだ残暑が厳しい折ですが、暦の上では秋風が立ち、木々が色濃く染まり始めるころです。

# 八月／葉月

一日
二日
三日
四日
五日
六日
七日
八日
九日
十日

（雑節）夏の土用（7月19日～8月6日）
（二十四節気）大暑（7月22日～8月6日）
（二十四節気）立秋（8月7日～8月21日）

十一日
十二日
十三日
十四日
十五日
十六日
十七日
十八日
十九日
二十日

お盆

お盆の行事は七月に行う地域もあります。

（二十四節気）立秋（8月7日～8月21日）

二十一日
二十二日
二十三日
二十四日
二十五日
二十六日
二十七日
二十八日
二十九日
三十日
三十一日

立秋
（二十四節気）処暑（8月22日～9月6日）

※二十四節気、雑節は、年によって数日のズレが生じます。

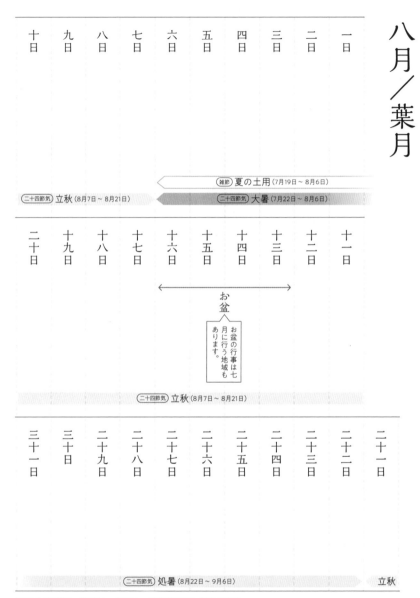

二十四節気

# 立秋《りっしゅう》

8月7日～21日ごろ

「暑中」が「残暑」に変わる

この日から秋が始まります。実際は、まだまだ暑さが続きますが、朝や晩に少しずつ涼しい風が吹くようになり、ミンミン、ジージーとうるさかったセミの声も、夕暮れどきにカナカナ……と鳴くヒグラシに変わり始めます。

立秋を境に「暑中」が「残暑」に変わるため、季節の挨拶は「暑中見舞い」ではなく、「残暑見舞い」（P.１９０参照）となります。

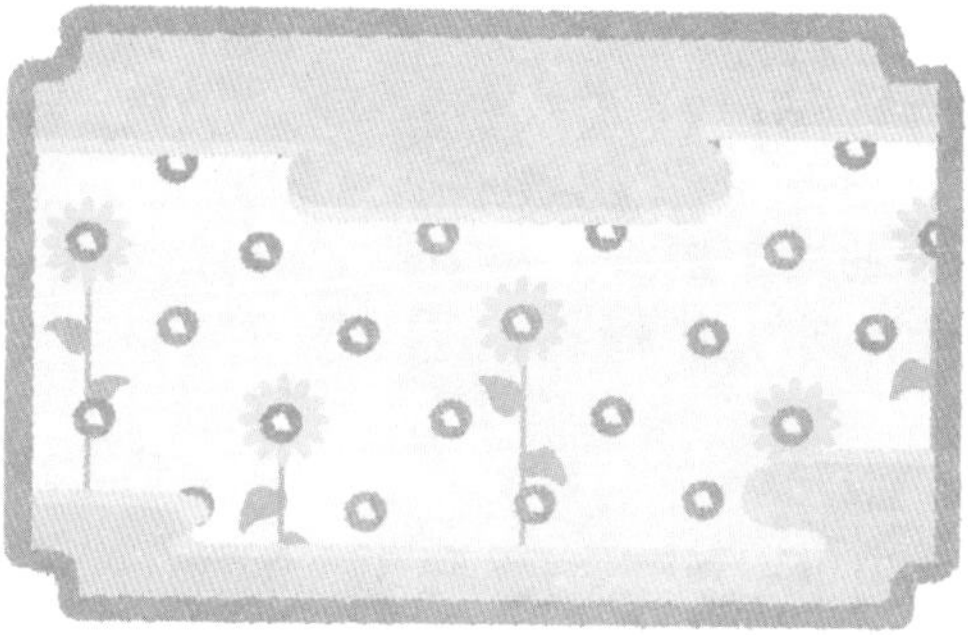

コラム

## 秋ナス

### 江戸っ子に人気の秋野菜

晩夏から初秋に出回る秋ナスは、初物好きの江戸っ子たちに人気でした。早いものほど高値がついたため、嫁にはもったいないという姑の意地悪心から、「秋ナスは嫁に食わすな」ということわざが生まれたともいわれます。東洋医学の観点からみれば、ナスは体を冷やす食材なので、まだ残暑が厳しいこの時期、ナスで秋を先取りしつつ、涼をとるのは理に適っています。

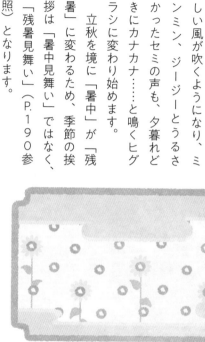

# お盆

祖先の霊を迎えて供養し、
あの世に送り出す

旧暦七月十五日を中心とした祖先供養の時期をお盆といい、現在では七月に行う地域と、八月に行う地域があり、八月のお盆のことを「旧盆」ともいいます。

お盆の正式名称は「盂蘭盆会《うらぼんえ》」で、もともとは古代インドで死んだ母親を供養する逸話から始まった行事ですが、これが日本に伝わり、独自の祖先信仰と融合して、日本ならではのお盆の習慣がつくられていきました。

お盆が始まる十三日の夕方になると、「精霊迎《しょうりょうむか》え」といって、祖先の霊が迷わずに帰ってこられるようにと、家や寺の門前で迎え火を焚きます。仏壇の前や野外などに「盆棚《ぼんだな》（精霊棚）」と呼ばれる棚を設け、仏壇から位牌を取りだして置きます。

この盆棚には、果物・野菜などの季節ものやおはぎなどが供えられ、また朝昼晩の三回、ご飯と水も供えます。さらに

ここに、キュウリで作った馬やナスで作った牛を飾ったりしますが、これは祖先の霊が馬に乗って〝この世〟に戻ってきて、帰りは牛に乗ってゆっくり帰っていくと考えられていたためです。

この期間には、僧侶を招いて読経してもらうなど盛大に供養します。とくに、この年に新仏《しんぼとけ》の出た家では「新盆《にいぼん》」と呼び、特別の提灯を飾ったり、故人と親しかった人たちを招いて手厚く供養するのが習わしです。

十六日には、家や寺の門前で送り火を焚いて、祖先の霊の帰り道を明るく照らして送りだします。このとき、盆棚に供えた野菜や果物などを川や海に流す「精霊流し」を行います。精霊流しの一種の「灯籠《とうろう》流し」を行う地域もあります。

# 盆踊り

念仏踊りと祖先供養が結びついたのが始まり

盆踊りは、もともとは年に一度、文字通りお盆のときに、精霊がこの世に戻ってきたのを供養するために踊ったものだといわれます。

その原型は、鎌倉時代、時《じ》宗《しゅう》の開祖・一遍上人《いっぺんしょうにん》が広めた念仏踊りと、先祖供養が結びついたのが始まりのようで、やがて笛や太鼓でにぎやかに囃《はや》すようになり、おそろいの衣装で踊るなど、変化に富んでいきました。

さらに、江戸時代になると歌や三味線なども加わり、歌に合わせて踊るという娯楽性の強い行事になりました。

盆踊りには、行列踊りという、列を組んで歩きながら踊る「念仏踊り」や「風流踊り」などがあり、その代表的なものが有名な「阿波踊り」です。

また、櫓《やぐら》を中心にして、その周りを踊る「輪踊り」も一般的ですが、この踊りは古代日本で神様が降りてきたところを中心に、輪を作って踊った名残とされています。

いまでは旧盆、新盆を問わず、夏の間じゅう、どこからか盆踊りの太鼓の音や歌声が聞こえてきます。

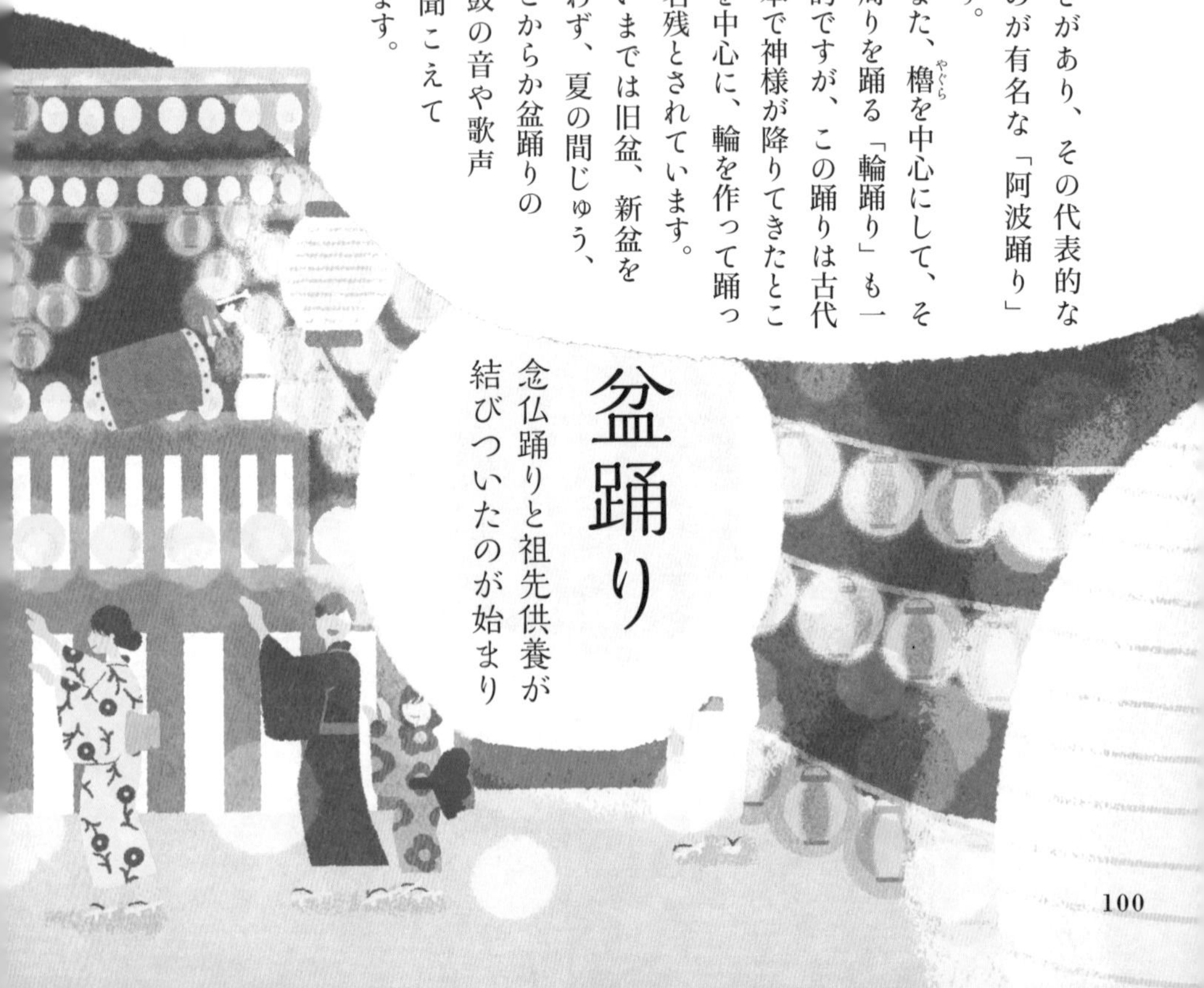

# 花火大会

## 江戸時代から打ち上げ花火が人気に

打ち上げ花火といえば、西洋では新年を祝うものですが、日本ではお盆を中心とした八月に各地で花火大会が開かれます。

もともとは軍事用だったのろしが、江戸時代に観賞用の打ち上げ花火として人気になり、このとき花火業者が誕生しました。その草分け的存在が「鍵屋」で、そこから暖《の》簾《れん》分けした「玉屋」と腕を競い合いました。

いまでも花火見物で発せられる「かぎや～」「たまや～」という掛け声は、このときから続くものです。

日本で最初に開かれた花火大会は、江戸時代、六代将軍・徳川家宣《いえのぶ》の命によるもので、隅田川で開かれました。享保年間の後期以降になると、納涼期間中の旧暦五月二十八日から八月二十八日の間は連日、花火が打ち上げられるようになりました。当時の富裕層だった町人の旦那衆が、納涼船に乗って隅田川に繰り出し、スポンサーとなって大金をはたいていたからです。

すると、それに負けじと各国の諸大名や、なかでも徳川御三家（尾張・紀州・水戸）が豪華な花火を打ち上げるようになり、隅田川は見物する江戸っ子たちで、連日、賑わったといいます。

二十四節気

# 処暑《しょしょ》

8月22日～9月6日ごろ

暑さがとどまり、虫の音が聞こえてくる

「とどまる」を意味する「処」の字が使われているように、まだ暑さは残るものの、朝夕はだいぶ過ごしやすくなってくるのが、処暑のころです。ゆく夏を見送る祭りの時期でもあり、富士山の山じまいの神事である「吉田の火祭り」などが行われます。

また、コオロギ、マツムシ、スズムシなどの虫の音が聞こえ始めるころ。虫の音を鑑賞する習慣は昔からあり、平安時代には、好きな虫を庭に放って鳴き声を楽しんでいたといい、江戸時代になると、カゴで飼って鳴き声を競う遊びも生まれました。

コラム

## 秋の七草
### 食用ではなく、愛でて楽しむ

この時期の草花といえば「秋の七草」で、ハギ、ススキ、クズ、ナデシコ、オミナエシ、フジバカマ、キキョウの七つです。『万葉集』にある山上《やまのうえの》憶良《おくら》の歌が由来といわれますが、「春の七草」（P.45参照）とは違って食するわけでなく、ただ花を愛でるのみ。その実用的でないところに、秋らしい風情が漂います。

［年中行事と季節のしきたり］

# 九月／長《なが》月《つき》

菊《きく》見《み》月《づき》
寝《ね》覚《ざめ》月《づき》
色《いろ》取《どり》月《づき》
暮《ぼ》秋《しゅう》

「長月」は、秋の夜が長いという意味の「夜長」から転じた呼び名です。「寝覚月」も同様に、途中で目が覚めるほど長い夜という、この時節を表したもの。「菊見月」は、九月九日の重陽の節句から来たもので、「菊月」ともいいます。「色取月」（「彩月」とも書く）は、木の葉が色づくことから。「暮秋」は、秋の最後の月という意味です。

# 九月／長月

一日　雑節　二百十日
二日
三日
四日
五日
六日
七日
八日
九日　重陽の節句
十日

二十四節気　処暑（8月22日～9月6日）
二十四節気　白露（9月7日～21日）

十一日　雑節　二百二十日
十二日
十三日
十四日
十五日
十六日
十七日　中秋の名月

中秋の名月は、旧暦の八月十五日なので、年によってかなり前後します。

十八日
十九日
二十日

二十四節気　白露（9月7日～21日）

二十一日
二十二日
二十三日
二十四日
二十五日
二十六日
二十七日
二十八日
二十九日
三十日

白露
二十四節気　秋分（9月22日～10月7日）

※二十四節気、雑節は、年によって数日のズレが生じます。

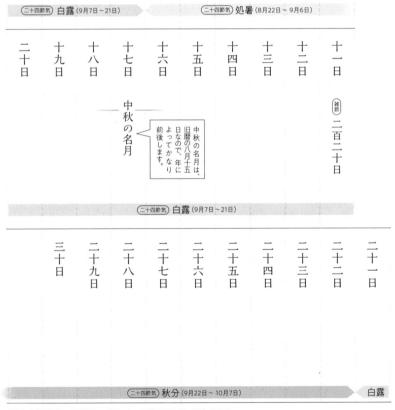

雑節

# 二百十日《にひゃくとおか》

昔から台風が発生しやすい日

二百十日は雑節のひとつで、立春から数えて二百十日目を指し、毎年、八月三十一日～九月一日ごろにあたります。いよいよ台風シーズンの到来で、この日と十日後の二百二十日《にひゃくはつか》は、昔から台風が多く、天候が荒れやすい特異日といわれてきました。

ちょうどイネの穂が実り始めるころのため、農作物への被害を避けるという願いを込めて、各地で風を鎮める風鎮祭《ふうちんさい》が行われます。富山県の「おわら風の盆」もそのひとつです。

二十四節気

# 白露《はくろ》

9月7日～21日ごろ

葉に露が宿り、空には鰯雲が

露《つゆ》は、朝晩の寒暖差が大きい日の朝にできます。草の葉に白い露が宿り始めると、いよいよ秋らしくなってきます。

秋の空といえば、空は高く澄み渡り、小片を散らしたような形の鰯雲《いわしぐも》が現れます。この形が、魚のイワシが群れて泳ぐ姿に似ていることから、この名がつけられました。また、サバの鱗《うろこ》のようにも見えるので、鯖雲《さばぐも》、鱗雲《うろこぐも》とも呼ばれます。

# 重陽《ちょうよう》の節句

## 九月九日に菊酒を飲んで長寿を願う

九月九日は五節句のひとつで、「重陽の節句」といいます。もともと中国の考え方で、九という最大の陽数（奇数）が重なることから「重陽」と呼び、めでたい日とされてきました。

始まりは、六朝《りくちょう》時代の桓景《かんけい》という人物にまつわる故事にちなんでいます。「この日に高い所に登り、菊酒を飲めば、災いが避けられる」として、九月九日になると人々は酒肴《しゅこう》や茶菓などを持って、小高い山に登り、紅葉を眺めながら一日を楽しみ、邪気を払ったということです。

古来、中国では菊の花は不老長寿に結びつくと信じられ、九月九日にはとくに菊の花を浮かべた菊酒を飲むのが習わしとなっていました。

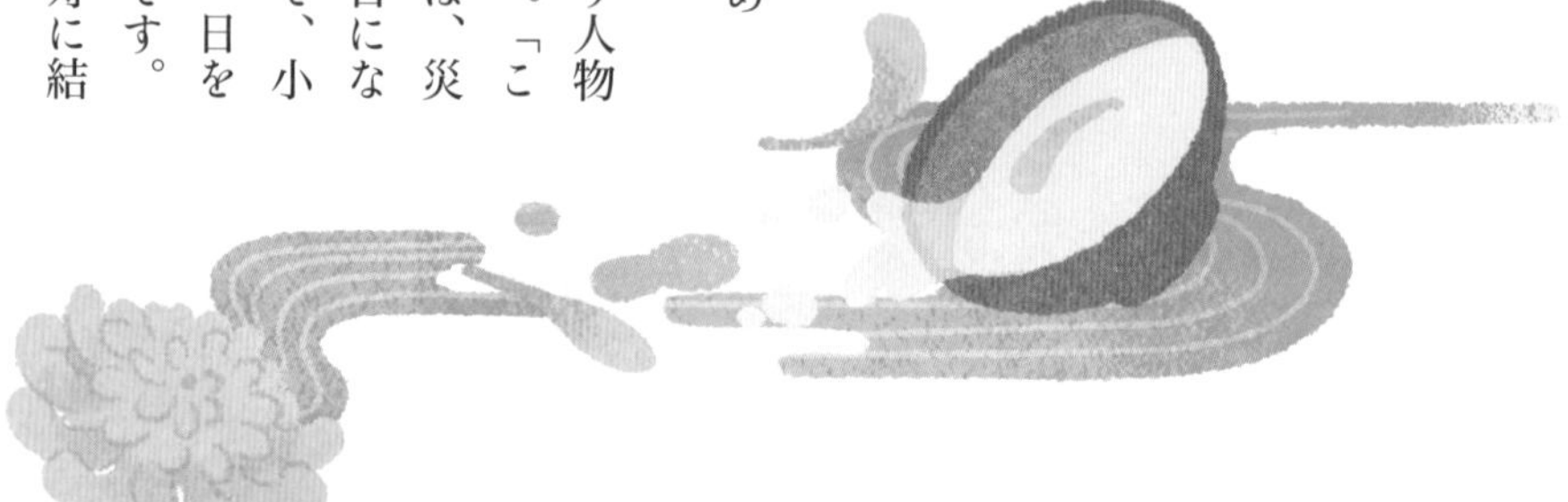

この習わしが飛鳥時代、日本に伝わって、宮廷の行事として菊花宴が開かれるようになり、平安時代には重陽節として正式な儀式となりました。『紫式部日記』には、八日の夜に綿を菊の花にかぶせ、翌朝、露にぬれた菊の香りのする綿で肌をぬぐうと、長寿を保つことができるという、「菊の被綿《きせわた》」の慣習が描かれています。

江戸時代になると、重陽の節句は「菊の節句」として、民間にも広まっていきました。いまでも旧暦のこの日にちなんで、各地で菊の品評会が開かれています。

# お月見

秋空に昇る満月を鑑賞する

旧暦の八月十五日（現在の九月十八日ごろ）は、ちょうど満月に当たります。この日を「十五夜」と呼び、ススキを生けて月見団子などの供え物をし、満月を愛でる「お月見」が催されてきました。

旧暦では七月から九月までが秋で、八月を「中秋《ちゅうしゅう》」と呼んでいたため、「中秋の名月」ともいいます。中秋の名月の習慣は、すでに唐代の中国で行われていて、野菜や果物などを供えて月を拝み、酒宴を開いて観賞したという記録が残っています。

これが、平安時代ごろに日本に伝わり、貴族階級から、やがて一般庶民に広まりました。農村では豊作を祈って、畑でできた秋の収穫物、とくに里イモを供えていたことから、「芋名月」とも呼ばれます。

ちなみに、旧暦の九月十三日（現在の十月の中ごろ）の月見を「十三夜」といい、この時期は秋の収穫を祝うという意味もあったので、豆や栗などの作物を供えました。そのため、「豆名月」とか「栗名月」などとも呼びます。

現在、「十三夜」の風習は薄れてきていますが、かつては「十五夜」と同じように「十三夜」の月見も重要な行事とされていました。

二十四節気

# 秋《しゅう》分《ぶん》

「秋のお彼岸」の中日でもある

9月22日～10月7日ごろ

秋分は、昼と夜の長さがほぼ同じになる日で、秋のお彼《ひ》岸《がん》の中日《ちゅうにち》でもあります。中日とは、お彼岸の真ん中の日のことで、その日をはさんだ一週間がお彼岸です。

お彼岸には春のときと同じく、祖先の墓参りをして供え物をし、お寺で法要が行われます。供え物は、春は牡丹《ぼたん》にちなんだ「ぼた餅」でしたが、秋は萩《はぎ》にちなんだ「おはぎ」になります。

しかし、これらは、名前は違っても同じものであるとか、ぼた餅はこしあん、おはぎはつぶあんで作るなど、いろいろな説が。いずれにしても、あんの元である小豆が邪気を払う食べ物とされ、先祖の供養として供える風習が根付きました。

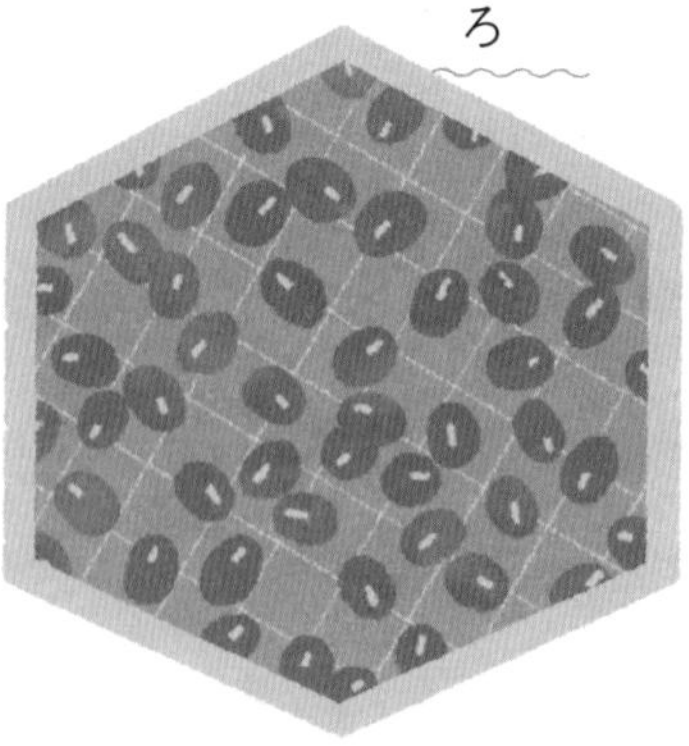

コラム

## 彼岸花

美しさと毒をあわせ持つ怪しい花

お彼岸のころに、真っ赤な大輪の花を咲かせます。その美しさに目を惹かれますが、毒を持っているため、食べると彼岸（あの世）に行くことから、彼岸花という名になったともいわれます。花と茎だけで葉がまったくない姿が怪しくもあり、「死人花《しびとばな》」「幽霊花」という別名も。また、赤い花を意味する「曼殊沙《まんじゅしゃ》華《げ》」とも呼ばれます。

［年中行事と季節のしきたり］

# 十月／神無月《かんなづき》

神在月《かみありづき》
雷無月《かみなしづき》
神嘗月《かんなめづき》
初霜月《はつしもづき》

古来、十月は、日本全国の神々が出雲大社に集まって会合を開くといわれてきました。そのため、出雲地方（現在の島根県）だけが「神在月」と呼び、それ以外の地域では「神無月」と呼ぶのが習わしとなりました。また、雷が収まるころであるため、「雷無月」とも呼ばれます。十月半ばには、伊勢神宮の大祭である神嘗祭が行われており、そこから「神嘗月」という呼び名も生まれました。

# 十月／神無月

一日　衣替え
二日
三日
四日
五日
六日
七日
八日
九日
十日

（二十四節気）秋分（9月22日～10月7日）
（二十四節気）寒露

十一日
十二日
十三日
十四日
十五日
十六日
十七日　神嘗祭
十八日
十九日
二十日　恵比寿講

恵比寿講は、地域によっては別の時期に行われます。

（雑節）秋の土用
（二十四節気）寒露（10月8日～10月22日）

二十一日
二十二日
二十三日
二十四日
二十五日
二十六日
二十七日
二十八日
二十九日
三十日
三十一日

（雑節）秋の土用（10月20日～11月6日）
（二十四節気）寒露
（二十四節気）霜降（10月23日～11月6日）

※二十四節気、雑節は、年によって数日のズレが生じます。

二十四節気

# 寒《かん》露《ろ》

10月8日～22日ごろ

## 草木の葉に冷たい露が宿るころ

朝晩は大気が冷え込み、草木に寒露が降りるころ。露《つゆ》とは、大気中の水蒸気が冷えて水滴になったもので、気温がもっとも下がる夜明けのうちに降りるので「朝露」ともいわれます。早朝に草木の葉を見ると、朝露が宿っているのがわかります。

　このころから日暮れが早くなり、あっという間に沈んでしまうことから、「秋の日は釣瓶《つるべ》落とし」という言葉が生まれました。釣瓶とは、井戸の水を汲み上げるときに使う、縄のついた桶のこと。手を離すとストーンと落ちていく様子が、秋の日暮れの早さにたとえられました。

コラム

### キノコ
### 平安から愛されたマツタケが旬

　秋の味覚といえば、春の山菜に並ぶのが、秋のキノコです。『日本書紀』にはすでに「栗茸《くりたけ》狩り」の記述があり、山を散策しながらキノコ狩りに興じていました。平安時代になると、キノコ狩りといえば、マツタケ狩りのこととなり、「香りマツタケ、味シメジ」といわれるように、その香りを楽しんでいました。マツタケを使った土瓶蒸しや炊き込みごはんは、この季節ならではのもの。

# 神《かん》嘗《なめ》祭《さい》

## 天照大神に新穀を捧げ、収穫を感謝する

毎年、十月十七日を中心に伊勢神宮と宮中で、神嘗祭が行われます。これは、数ある宮中祭祀《さいし》の中でも、もっとも古くから由緒があり、重要とされる大祭で、その年に収穫されたコメなどの新穀《しんこく》を天照大神《あまてらすおおみかみ》に捧げ、五穀豊穣《ごこくほうじょう》に感謝するものです。

「神嘗」とは「神の饗《あえ》」から転じたもので、饗とは酒食でもてなすという意味があります。天照大神が、天上の高天原《たかまがはら》で新穀を食したという神話から生まれた祭儀だといわれています。

この一カ月後の十一月二十三日に、今度は天皇が新穀を食し、天地すべての神々に収穫の感謝をする「新嘗祭《にいなめさい》」が行われます。この日は国民的な祝日で、現在は勤労感謝の日となっています。

コラム

### 金木犀《きんもくせい》
### 楊貴妃も愛した優雅な香り

秋になると、甘い優雅な香りを漂わせるのが、金木犀です。オレンジ色の小花が密集して咲くようすも可憐で、江戸時代に中国から渡来して以来、庭木として植樹され、愛されてきました。中国では木犀類の花を「桂花《けいか》」といい、花びらをお茶に浸した桂花茶《けいかちゃ》や、ワインに漬け込んだ桂花陳酒《けいかちんしゅ》があり、楊貴妃が好んで飲んだといわれています。

# 恵《え》比《び》寿《す》講《こう》

年二回行われる
恵比寿様のお祭り

おもに商家が商売繁盛を祈念して、恵比寿神を祭る行事が「恵比寿講」です。毎年一月と十月の二十日に行われ、「恵美寿講」「夷《えびす》講」「二十日《はつか》恵比寿」などとも記されます。

地域によっては一月十日や十二月八日に行うところがあったり、十月二十日を「商人えびす」、十二月八日を「百姓えびす」とも呼んだりしています。

七福神の一神である恵比寿様は、商売繁盛のみならず、漁村では豊漁をもたらす神として、農村ではかまどや田の神として、古くから篤《あつ》く信仰されてきました。

関西には、正月十日を「十日夷《とおかえびす》」と呼んで、大阪商人が仲間を招いて祝宴を催したり、恵比寿様と縁が深いといわれる西宮《にしのみや》神社（兵庫県）か今宮夷《いまみやえびす》神社（大阪府）に、初詣をする習わしがあります。

この日は、笹が一年中枯れないことから、繁盛をもたらす縁起物として、笹の飾り物が飛ぶように売れるということです。

一方、関東では、田の神として信仰を集め、恵比寿様に田植え後の苗を供えたり、稲刈り後の稲を供えるなどしていました。

雑節

# 秋の土用《どよう》

## 青いものと、「た」のつくものを食卓に

秋の土用は立冬前の十八日間で、毎年、十月二十日〜十一月六日ごろになります。このころは、冬に向かう季節の変わり目にあたるため、精を養うために青いものを、また、土用の間の辰《たつ》の日に「た」のつくものを食べるといいといわれてきました。青いものは、サバ、サンマ、アジ、イワシなどの青魚を、「た」のつくものは、大根、玉ねぎ、大豆、タイ、タコなどを使って、晩秋の食卓を豊かなものにしてみてはどうでしょう。

二十四節気

# 霜降《そうこう》

## 早朝に「霜の花」が見られることも

10月23日〜11月6日ごろ

「霜降」は、その名の通り、いよいよ初霜《はつしも》が降り始める晩秋のころ。霜とは、零度以下に冷えたときに、大気中の水分が凍ってできるもので、よく晴れて冷え込んだ日の翌朝に、土や葉などの表面に見られます。早朝に、霜が野原一面を覆うようすは、まさに「霜の花」。冬の兆しを感じつつ、朝日で溶け始める一瞬の輝きを鑑賞するのも風流です。

ちなみに、「霜柱」は地中の水分が凍って柱のようになったもので、霜とは違う現象です。

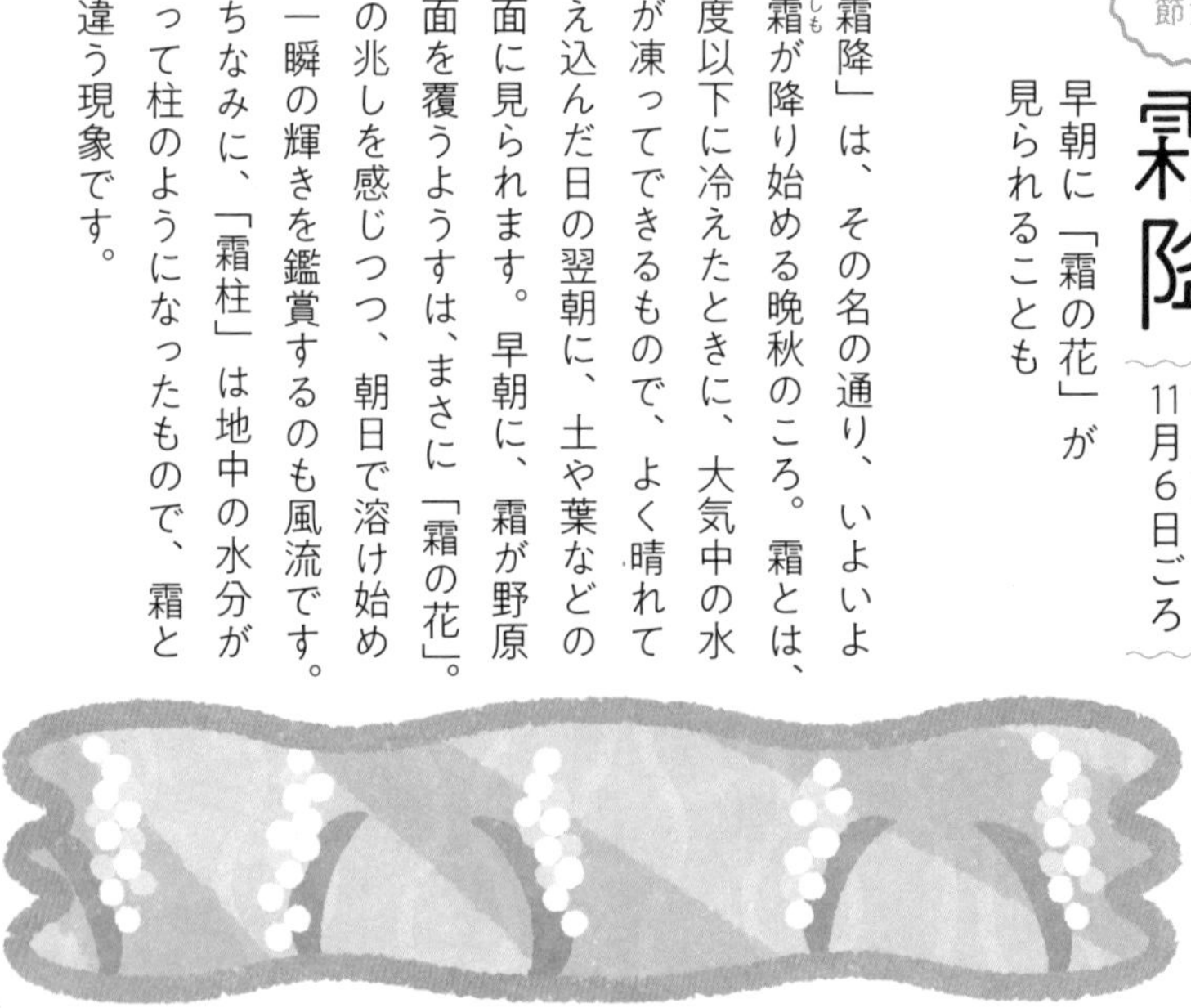

［年中行事と季節のしきたり］

# 十一月／霜月《しもつき》

雪待月《ゆきまちづき》

雪見月《ゆきみづき》

神楽月《かぐらづき》

神帰月《かみかえりづき》

「霜月」は、霜がしきりに降ることを表した「霜降月《しもふりづき》」が転じたものといわれます。十一月といえば、もう初冬。二十四節気の「小雪《しょうせつ》」を迎えることから「雪見月」の別称もあります。「神楽月」は、この月に、収穫を感謝して来年の豊穣を願う「神楽」が催されることから転じたもの。「神帰月」は、十月に出雲大社に集まった神々が、それぞれの国に帰ることからついた呼び名です。

# 十一月／霜月

一日

二日

三日

四日

五日　酉の市

酉の市は十一月の酉の日に行われるので、２回行われる年と３回の年があり、日にちもかなりズレます。

六日

七日

八日

九日

十日

（雑節）秋の土用（10月20日～11月6日）

（二十四節気）霜降（10月23日～11月6日）

（二十四節気）立冬（11月7日～11月21日）

十一日

十二日

十三日

十四日

十五日　七五三

十六日

十七日

十八日

十九日

二十日

（二十四節気）立冬（11月7日～11月21日）

二十一日

二十二日

二十三日

二十四日

二十五日

二十六日

二十七日

二十八日

二十九日

三十日

立冬

（二十四節気）小雪（11月22日～12月6日）

※二十四節気、雑節は、年によって数日のズレが生じます。

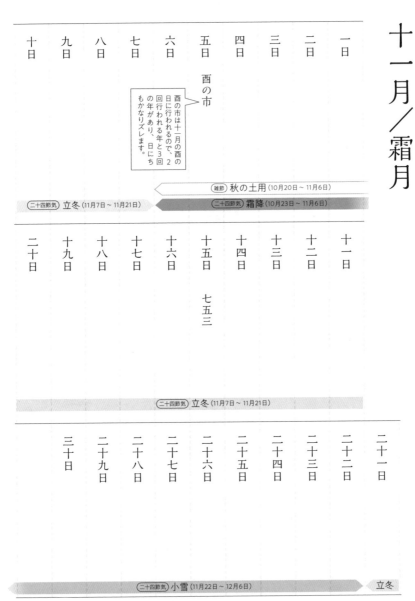

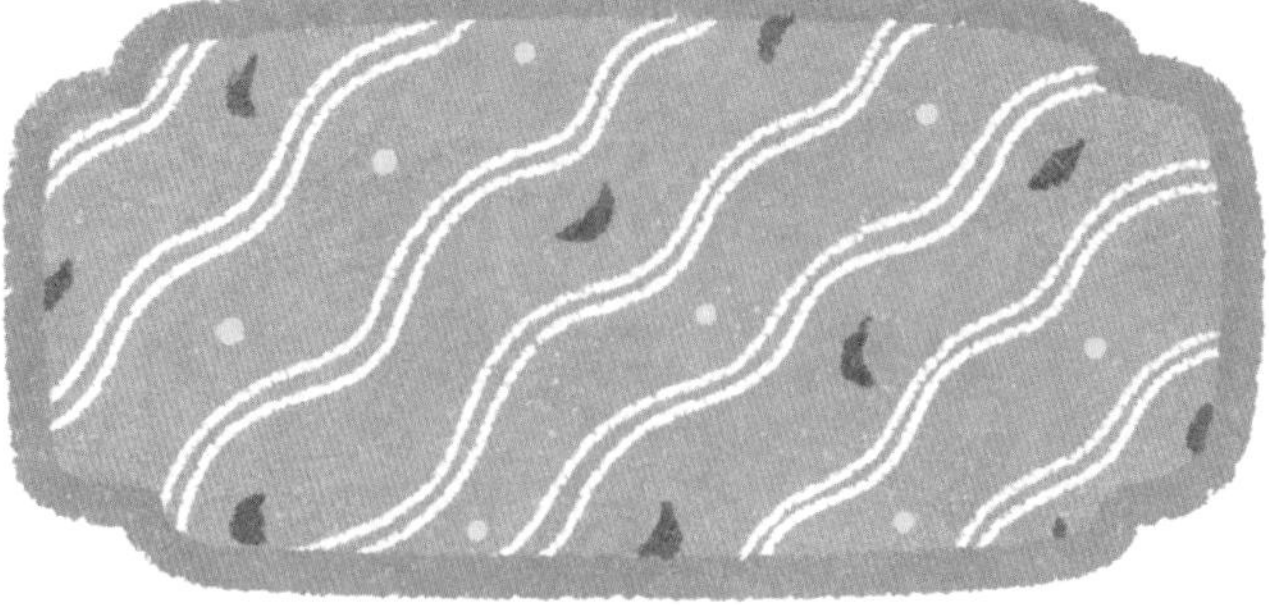

二十四節気

# 立《りっ》冬《とう》

11月7日〜21日ごろ

人も樹木も冬支度を始めるころ

暦の上では、この日から冬が始まります。日足《ひあし》が目立って短くなり、朝晩には冷やっとした寒気が降りてくるころ。気圧配置が西高東低の冬型になると、木枯らし一号が吹くこともあります。木枯らし一号とは、このころに初めて吹く北寄りの強い風のことです。

昔はこの時期に、こたつや火鉢、湯たんぽといった冬支度を始め、「北《きた》窓塞《まどふさ》ぐ」という言葉があるように、風や雪を防ぐため、北の窓に目張りをしました。

公園の樹木も「雪囲い」や「雪吊り」といった冬の装いになるころです。

コラム

## 紅葉

### 散ったあとまで美しさが続く

イチョウやカエデなど、落葉樹の紅葉が真っ盛りになるころです。紅葉を鑑賞して、酒を酌み交わす「紅葉狩《もみじが》り」は古くからあり、江戸時代には庶民にも広がりました。鮮やかな紅葉が風に舞って散るようすには〝散り際の美学〟があり、絨毯《じゅうたん》を敷いたかのように木の根元を埋め尽くす紅葉は、「散紅葉《ちりもみじ》」「敷き紅葉」と呼ばれて鑑賞されてきました。

# 酉《とり》の市

## 熊手やお多福など縁起物が並ぶ

毎年、十一月の酉の日に、鷲《おおとり》神社（大鳥神社などの名称もある）で行われる祭礼を「おとりさま」と呼び、この日に神社の境内に立つ市を「酉の市」と呼んでいます。

鷲神社はもともと武運長久《ぶうんちょうきゅう》の神として、武士の信仰を集めていました。ところが、江戸時代になって祭礼の市で農耕具を並べたところ、熊手が「福をかき集める」「金銀をかき集める」縁起物として、人気の品となりました。

さらに、七福神、お多福のお面、宝船などの縁起物や、黄金餅《こがねもち》という粟餅《あわもち》、ゆでたヤツガシラ（サトイモの一種で、親・子・孫と増えていくようすから「子孫繁栄」を願う縁起物）なども酉の市で売られるようになり、武運長久より、商売繁盛や開運の神として、広く信仰されるようになっていきました。

酉の市では、こうした縁起物は「安く買うほど縁起が良い」ということで、売り手と買い手の間で値段のかけひきがさかんに行われます。そして、商談が成立すると威勢のよい三本締めの手拍子が響くのも、酉の市ならではの風景です。

ちなみに、暦の上で、十一月に酉の日が二回くる年と三回くる年があり、「三の酉まである年は火事が多い」といわれます。これはひと月に三回も祭礼が立つことで、日常生活がゆるまないよう、気を引き締める意味合いがあったようです。

# 七五三

## 昔は最吉日である十五日に行われていた

七五三は、三歳の男の子・女の子、五歳の男の子、七歳の女の子の成長を祝う行事です。ただし、三歳はもともと男女のお祝いだったのですが、現在では女の子だけを祝う地域もあります。

この日の儀式は平安時代に由来するといわれ、三歳の男の子・女の子は、初めて髪を伸ばし始める「髪置《かみおき》の儀」、五歳の男の子は、初めて袴をはく「袴着《はかまぎ》の儀」、七歳の女の子は、それまでのひも付きの着物から、初めて大人と同じ帯を結ぶ「帯解《おびとき》の儀」を行います。

もともとは、農事がひと段落した十一月の最吉日とされる十五日に行われてきました。十五日が最吉日というのは、七と五と三を足すと十五になることと、この日は満月であり、鬼が出歩かない鬼宿日《きしゅくび》であることが重なっているからです。

現在は、十一月の休日や祝日に行えばよいとなっており、子ども達は着物を着て、千歳あめを持って神社に詣でます。千歳あめとは、紅白の細長いあめを、鶴亀や松竹梅といった縁起のいい絵が描かれた袋に入れたもので、長寿を願って食べる習わしがあります。

昔は、家の近くの氏神神社に参るものでしたが、近年では有名神社に出かける人が増えてきています。

二十四節気

# 小雪《しょうせつ》

寒さが迫るなか、小春日和の日も

11月22日～12月6日ごろ

「小雪」は、冬本番が迫ってくるころ。北国からは雪の便りが届き始め、万物の気が「陰」に満ちてきます。そんな時節にあっても、春のように穏やかに暖かく晴れる日があり、それを昔から「小《こ》春《はる》日和《びより》」と呼んできました。春の言葉だと勘違いされやすいですが、この時期に使われるものであり、俳句では冬の季語でもあります。ちなみに、同じような気象は世界各地に見られ、北米では「インディアン・サマー」と呼ばれています。

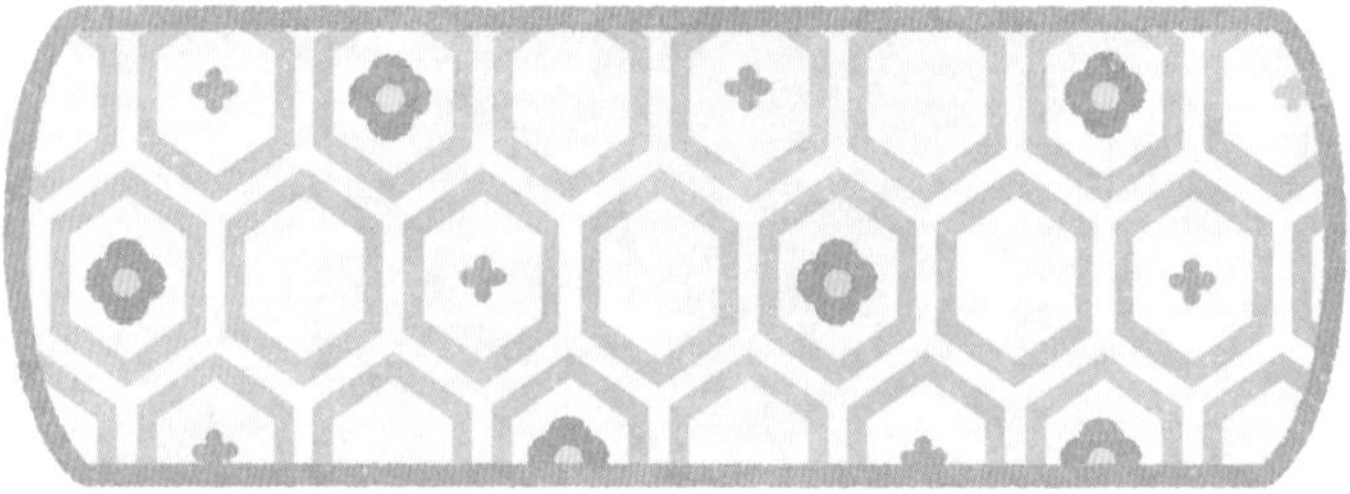

コラム

## 根菜　土の下の野菜で陽気を補う

大根、カブ、ゴボウ、レンコンといった根菜は、冬に旬を迎えます。甘みが増した大根の煮物、ゴボウやレンコンのきんぴらといったお惣菜は、根菜の持つ「陽」の気を摂り入れるもので、寒さに負けない体づくりに欠かせません。また、カブの千枚《せんまい》漬けや大根のたくあんなどは、野菜が少なくなる冬の間の保存食でもあります。

［年中行事と季節のしきたり］

# 十二月／師走《しわす》

極月《ごくげつ》
暮来月《くれこづき》
氷月《ひょうげつ》
春待月《はるまちづき》

「師走」は、現在でもよく使われている呼び名で、年の瀬は、師（＝僧侶）が走り回るほどせわしないというのが由来とされます。また、十二月は一年が極まる月ということから「極月」、年の暮れという意味から「暮来月」、氷が見られることから「氷月」という呼び名もあります。「春待月」の「春」には、季節の春と、正月を表す新春の春の二つの意味が込められています。

# 十二月／師走

一日
二日
三日
四日
五日
六日
七日
八日　針供養
九日
十日

（二十四節気）小雪（11月22日～12月6日）
（二十四節気）大雪（12月7日～12月20日）

十一日
十二日
十三日　煤払い
十四日
十五日
十六日
十七日
十八日　年の市
十九日
二十日

年の市は十三日から二十三日ごろまでの間、開かれるのが一般的です。

（二十四節気）大雪（12月7日～12月20日）

二十一日　年の市
二十二日
二十三日
二十四日
二十五日
二十六日
二十七日
二十八日
二十九日
三十日
三十一日　除夜の鐘

（二十四節気）冬至（12月21日～1月5日）

※二十四節気、雑節は、年によって数日のズレが生じます。

二十四節気

# 大《たい》雪《せつ》

12月7日～20日ごろ

「雪見」で雪の風情を楽しむ

北風が強くなり、北国では本格的に雪が降り出す、真冬の時期。

　雪は被害をもたらすやっかいな存在である一方、古くから冬を象徴する〝美〟でもありました。しんしんと降る雪や、雪に覆われた雪景色を鑑賞する「雪見」という遊びは古くからあり、現在でも雪見酒や雪見風呂などに受け継がれています。また、子どもたちは雪だるまや雪ぞりといった遊びを楽しんできました。

　「牡丹雪《ぼたんゆき》」「綿雪《わたゆき》」「粉雪《こなゆき》」は、降る雪の大きさを表したもの。雪のことを「六華《りっか》」「六花《りっか》」「瑞花《ずいか》」などと呼ぶのは、雪を花にたとえたものです。

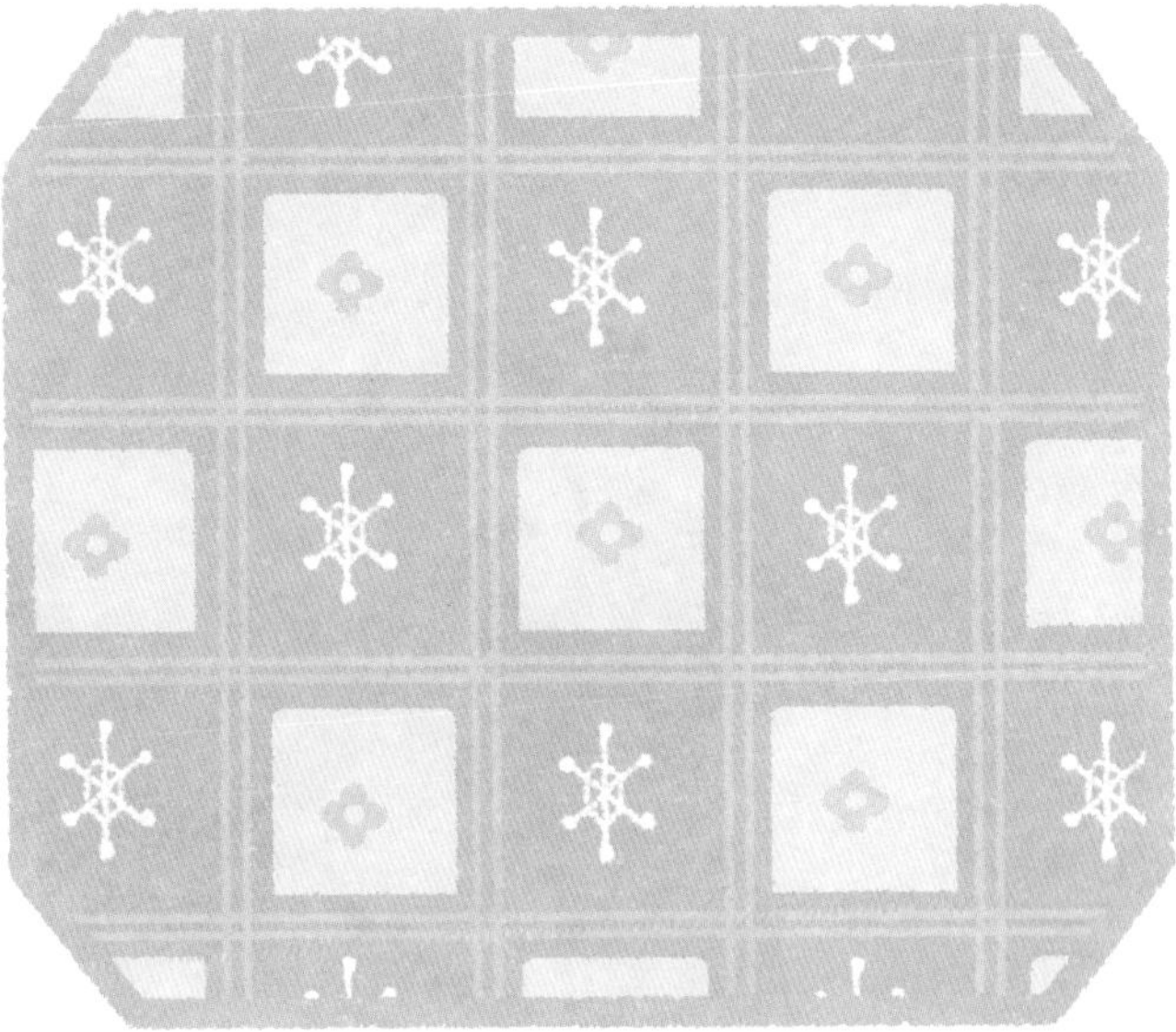

# 年の市

## 年の瀬に正月用品や縁起物を売る

毎年、年の暮れの十三日から二十三日ごろまで、社寺の境内や門前などに、正月用の飾り物や羽子板、縁起物などを売る「年の市（歳の市）」が立ちます。これは、江戸時代からさかんになったもので、とくに有名なのは、大宮の氷川神社、江戸の浅草寺、神田明神、三重の伊勢神宮など。毎年、多くの人で賑わい、師走の風情を味わえます。

　地方都市でも年末になると各地に年の市が立ち、周辺の農漁村などから、正月用品の買い出しのために人々が集まってきます。なかには、自分たちが作った飾り物、ほうき、縁起物などを売る人もいて、正月準備のための貴重な収入源となっていました。

　東北地方などの年の市は、年末ギリギリになって立つことから「詰市《つめいち》」と呼ばれ、市によっては、売れ残ったものを捨て値で売ることから「捨市」とも呼ばれます。

　なお、年の市としても有名な「世田谷ボロ市」は、戦国時代の「楽市」（誰でも自由に店を出せる市）から続く由緒あるものです。

# 煤《すす》払《はら》い

家中の大掃除をし、正月の準備を始める

十二月十三日は「正月事始め」「正月迎え」の日といわれ、この日から正月を迎えるための準備を始める習わしがあります。

年の市が立つのも、このころからで、家では、家中の煤《すす》を払い、外を掃き清め、一年に一度の大掃除をします。全国各地の社寺でも、新しい年神様を迎えるための神事として、煤払いが行われます。

また昔は、一家の家長や新年の年男が、門松を立てるための木を山へ切り出しに行ったり、お雑煮を炊くための薪を拾い集めたりする日でもありました。

コラム

## 椿
### 武士には嫌われたという説も

大輪の紅色の花をつける椿は、寒い冬の間に咲き続ける希少な存在。江戸時代には将軍や大名に好まれたことから、庶民の間でも人気になり、色や形、大きさなど、多様な品種が誕生しました。

しかし、散るときに花全体が茎からぽとりと落ちることから、それが「首切り」を連想させるとして、武士に嫌われたともいわれています。

十二月

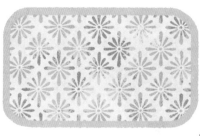

二十四節気

# 冬《とう》至《じ》

12月21日～1月5日ごろ

## 柚子湯に入り、カボチャを食べる

一年でもっとも昼が短く、夜が長い日で、この日を境に徐々に日足が伸びていきます。それは、中国の陰陽思想でいう「陰極まれば、陽となる」ということであり、春の兆しが芽生える「一陽来復《いちようらいふく》」のときでもあります。

この日には、無病息災を願って、ユズを浮かべた「柚子湯《ゆずゆ》」に入ったり、カボチャの煮物を食べたりする習慣があります。ユズには体を温める作用があり、カボチャは保存が利くことから、冬の間の栄養源だったのです。

また、ユズもカボチャも黄色であるため、太陽の力がもっとも弱まるこの日に、太陽を表すものから「陽」の気を取り入れる意味もあったとされています。

コラム

### ミカン
### 蜜のように甘い柑橘類

ミカンは室町時代から、現在の熊本、和歌山、静岡で栽培が始まり、「蜜《みつ》のように甘い柑橘類《かんきつるい》」ということから、「蜜柑《みかん》」と呼ばれ、人気の特産物となりました。その味わいもさることながら、風邪が流行るこの時期に、ビタミンCを摂取するのは大切なこと。こたつでミカンを食べる習慣は、ビタミンという概念がなかったころから続く、生活の知恵でもあります。

# 除夜の鐘

## 年をまたいで鐘を百八回つく

年末最後の大晦日は、旧年と新年の区切りの日であり、その夜を「大晦《おおつごもり》」「除夜」「年越し」などといって、新年の神様である年神様が来るのを、寝ないで待つ日とされています。

かつては日没を一日の境とし、大晦日が暮れるとともに新年になるという考え方もありました。つまり、除夜の鐘は新年の行事の一部という考え方です。

大晦日の夜は、神社では境内で火を焚き、夜を徹して神主が罪やケガレを清める大祓《おおはらえ》を行い、寺院では、午前零時を前にして除夜の鐘をつき始め、年をまたいで百八回鳴らします。

除夜の鐘を百八回つくのは、中国で宋の時代から始まったもので、十二カ月と二十四節気と七十二侯（五日を一侯とした昔の暦）を合わせた数が百八になるため、といわれています。

別説では、人間が過去、現在、未来にわたって持つ百八つの煩悩を打ち払って、罪業《ざいごう》の消滅を祈るためともいいます。

# 年越しそば

そばのように細く長く
長寿であることを願う

大晦日の年越しの夜は、除夜の鐘を聞きながら、年越しそばを食べる習わしがあります。これは江戸時代の町人の間で始まったといわれ、そばのように細く長く長寿であるように、という願いが込められているといいます。

また、金銀細工の職人が仕事場に飛び散った金粉を、そばを練って作っただんごで集め、そのだんごを焼いて金粉を取り出したことから、「そばは金を集める」という縁起の意味もあったといいます。

実際、当初は、大晦日にそばだんごを食べていたようですが、やがて現在のように、そば切りを食べるのが一般的となりました。

また、年越しそばに薬味のネギを添えるのは、ネギの語源が「ねぐ」からきていて「祈る」という意味があることから、さらに長寿や金運を祈願するためともいわれます。

第二部

［知っておきたい礼儀作法］

# 訪問・接客のしきたり

「訪れる」の語源は「音を連れる」。
つまり訪問とは「音連れ」であり、
言葉を介して親密度を深めるためのもの。
それが気持ちのいいものとなるよう、
訪問する側・される側の作法を心得ておきましょう。

# 訪問する

## 相手宅におじゃまする前に必ず連絡を

訪ねる相手がどんなに親しい間柄でも、なんの連絡もなしの突然の訪問は失礼です。

「近くまで来たので……」などと言って、不意に来られたりしたら、親しい相手であっても迷惑に思うでしょう。

用件があって改まって訪問する場合は、一週間くらい前、ちょっとした用件の場合でも、前日までには、電話などで相手の都合を尋ねるようにしたいものです。

その際、「三〇分ぐらいで失礼します」「一時間ほどおじゃましたいのですが」というように、訪問にかかるだいたいの時間を伝えておくと、お互いに時間の都合をつけることができます。

訪問にふさわしい時間帯は、一般的には午前中なら一〇時以降、十一時ごろまで。午後なら二時から四時ごろまで。朝早くや、先方の食事の時間、または、夕飯時の五時以降は避けるようにします。

時間の観念がきちんとしていないと、「ルーズな人」と思われてしまうので気をつけたいものです。

# 訪問先の玄関前で

## チャイムを鳴らす前にコートは脱いでおく？

訪問の際、欧米ではコートを着たままチャイムを鳴らし、招き入れられてからコートを脱ぐのがマナーとされています。しかし、日本の場合は、玄関前でコートを脱いでからチャイムを押すのが、正式なマナーとされてきました。最近では欧米流が一般的になってきて、コートは玄関に入ってから脱いでもかまわないとされています。

もっとも、訪問する先が上司や年配の方のお宅だったり、就職や仲人などのお願いで訪問するといった場合は、玄関前であらかじめ脱いでおくほうが無難です。

コートを着たままチャイムを鳴らす場合も、マフラーや手袋だけははずしておきましょう。そうでないと、「寒いなか大変でしたね」と、迎える側に気をつかわせてしまうことにもなります。

訪問宅を辞去する際は、コートは玄関の外へ出てから着るのが礼儀です。ただし、玄関で「どうぞコートを」と言われたときには、「では失礼して……」や「お言葉に甘えて……」とひと言添えて、着るのがいいでしょう。

# 玄関に入ったら

## 正式なマナー

玄関に入ってドアを閉めたら、まず軽く挨拶をします。正式な挨拶は部屋に通されてからするので、ここでは軽くお辞儀をして、「ご無沙汰しております」「おじゃまいたします」など、その状況に応じたシンプルで短めな挨拶に留めましょう。

ドアを閉めながら挨拶をするのは落ち着きがなく見えるので、もちろん閉め終わってからにします。

コートを着ている場合は挨拶が終わったあとに脱いで、「どうぞお上がりください」と言われてから、「失礼します」と靴を脱いで上がります。

このとき大切なのは、相手のほうにお尻を見せないことです。コートや荷物があるときは、まず玄関の上がりかまちの端(下座《しもざ》側)に置きます。そして、靴を脱いで上がったら、相手のほうに背中が向かないよう体を斜めにして、ひざをつき、靴の向きを変えて揃え、じゃまにならぬよう玄関の端（下座側）に寄せておきます。

夫婦など複数での訪問の際は、先に上がった人の靴をあとの人が揃えてから上がるようにするとスムーズです。

## 靴は「脱いでから揃える」が

後ろ向きのまま、足で靴を揃えながら上がるのは、相手にお尻を向けることになるので避けましょう。

なお、玄関にも上座《かみざ》・下座があり、飾り物が置かれている下駄箱や棚などのあるほうが上座、その反対側が下座です。飾り物のない下駄箱があるだけ、もしくは何もない玄関の場合は中央が上座になるので、自分の靴はどちらかの端に寄せて置きます。

# 手土産を渡す

## 玄関で渡すのは基本ＮＧ
## 正式な挨拶のあとで差し出すもの

手土産を持って行った場合、玄関先で挨拶をしたあとに、「ハイ、これお土産」と手渡すのは、よほど親しい間柄に限られます。

本来、手土産は、部屋に通されて正式な挨拶がすんでから差し出すものです。目上の人や改まった訪問の場合、手土産は袋に入れるなり、風呂敷に包んでいくほうが礼儀にかなっています。

部屋に通されたら、洋室の場合はそこでお辞儀をし、「今日はお招きいただき、ありがとうございました」「お時間をとっていただき、ありがとうございました」などと挨拶をし、手土産を袋や風呂敷から取り出して手渡します。手提げ袋ごと手渡すのはよくありません。和室の場合は、入ったところの畳の上で正座をし、同様に挨拶をして、手土産を渡します。

手渡すときに、「つまらないものですが……」という言葉が使われてきましたが、「つまらないもの」はへりくだりすぎで、形式的に使うのは考えものです。むしろ「○○産の旬のものなので……」などと、良い面を伝えたほうが好ましく思われるもの。冷菓や冷凍食品の場合は、「アイスクリームですので冷凍庫に入れてください」と、ひと言付け加えて渡します。

# 手土産を選ぶ

## 気づかいが表れる選び方4つのポイント

持参する手土産は、次のような点に気配りして選ぶといいでしょう。

①先方の家族構成や年齢を考慮すること。小家族のお宅へ数量の多いもの、老齢の相手に硬いものなどは避けます。子どものいるお宅なら、その年ごろに合うかどうかも考慮します。

②食品には「賞味期限」「消費期限」がついているので、これらの日にちにも気をつけます。購入する際に、どのくらい日持ちするかを尋ねて、消費期限までに、そのお宅で食べきれるかどうかを考えます。

③手土産で避けたいのは、よほど親しい間柄でない限り、「今、そこで買って来ました」というような間に合わせのものにしないことです。

④就職、保証人、紹介の依頼など、改まった目的のある訪問の場合は、できれば、有名店や老舗のものを選ぶといいでしょう。そして、お店の人に、品物の包装をきちんとしてもらうよう依頼し、体裁を整えて持参します。最近では、お店の紙袋のまま持参するケースが多いようですが、大事な用件であれば、やはり風呂敷に包み直し、改まった形にして持参したいものです。

# 和室での作法

## 踏んではいけないのか

訪問したお宅で和室に通された場合は、和室での作法を踏まえて振る舞いましょう。

和室では、部屋と部屋の境に敷居があるので、まずは部屋に入るときに、敷居を踏まないよう気をつけます。

昔から「敷居を踏むのは、その家のご主人の頭を踏みつけることになる」といわれてきました。また、敷居を踏みつけると立て付けが狂い、敷居が歪んで戸の滑りが悪くなるうえ、古くなると足にささくれが刺さる恐れがあるからだともいいます。

敷居と同様に、畳のへりも踏んではいけません。和室に入って歩くときだけでなく、畳に座って挨拶をするときも、畳のへりを避けるように座ります。

昔から「畳のへりを踏むとバチが当たる」といいますが、その理由の一つは、武士の護身術からきたといわれます。床下に敵がひそんでいる場合、床下から刃物で突き刺してくるかもしれず、刃物が通りやすいのは畳のへりの部分なので、その上に座ったりするのは危険というわけです。

## なぜ「敷居」や「畳のへり」を

また、武家の屋敷では畳のへりに家紋を入れることもあるため、大事な家紋を踏むのは無礼である、などの理由もあったといいます。

そもそも昔は、畳は高級品でした。だから、傷みを防ぐためにも、畳のへりはできるだけ踏まないように気をつけて歩くというのは、暮らしの知恵から生まれた作法だったともいえるでしょう。

そのほか、和室における敷居と畳は、一種のテリトリー・境界線を示すものでもあります。そこをいたずらに踏み越えることは、境界を侵すことになるのでよくないという考え方から、「踏んではいけない説」が生まれたともいわれています。

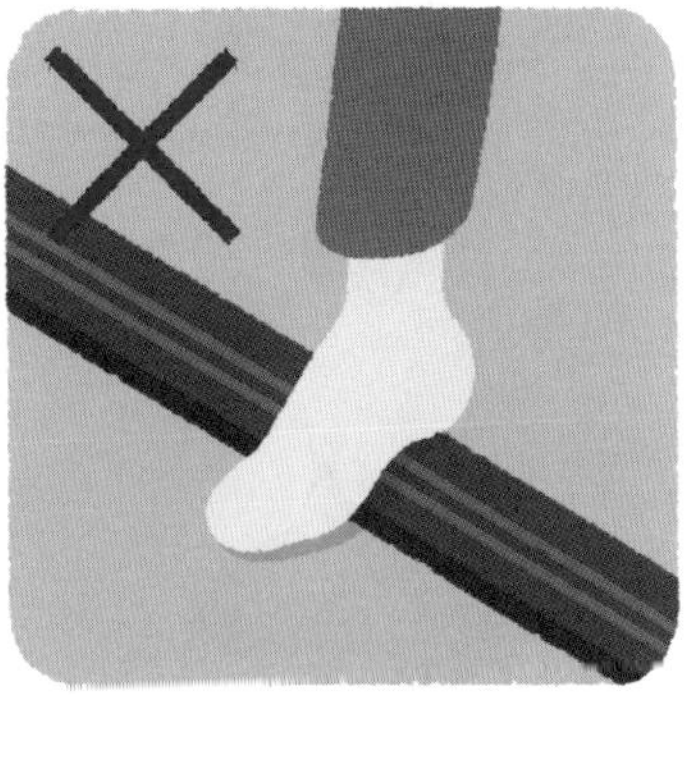

# 座布団の使い方

和室といえば座布団が付き物ですが、これは、畳の上に長く座っていると足がしびれたりするので、少しでも楽に座れるようにと工夫されたものです。

そもそも、昔の住居は板敷きだったので、座布団は必須の道具でした。古くは、小さくて薄い正方形の畳に錦《にしき》などのへりをつけたものを、貴族が使用していました。その後、円座といって藁《わら》や菅《すげ》などを渦巻き

## 座った姿勢で座布団の上に移動する

## 座布団をすすめられたら、

状にしたものも使われるようになり、江戸時代の末期から、現在のような形の座布団になりました。

座布団を使うときは、相手にすすめられてから使用するのが礼儀です。和室に入ったら、まずは座布団を使わずに、畳の上に直接座って挨拶をします。座布団に座ってから、その上で挨拶するのは避けましょう。

また、座るときに、座布団を自分のほうに引き寄せたり、座布団の上に立ったまま乗って座るのはタブー。

座布団に座るときは、座布団の後方（下座側）の畳の上に座った状態から、ひざの両脇で手を軽くにぎって体を支えるようにして移動し、座布団の上にひざを少し乗せます。

次に、両手を前のほうに置き直し、それで体重を支えながら体を座布団の中央に移動し、そこで正座をして、両手をひざの上に揃えて乗せます。これが正しい座り方です。

座布団から降りるときは、座るときの順序と逆の動作になります。

長く正座していると、いくら座布団の上でも足がしびれてくるものです。そんなとき、体をもぞもぞ動かしたりするのは見苦しいので、しびれない工夫をしましょう。親指を重ねて座っているのなら、重なっている親指を動かして上下を組み替えてみるのも一つの方法です。

# お茶をいただく

## 口を近づけるのではなく、両手で茶碗を口元へ

お茶が出されたら、冷めないうちにいただくようにします。ただ、正式には主人の「どうぞ」のすすめがあってから、茶碗の蓋《ふた》を取るのが良いとされています。

蓋を取るときは、左手で茶碗を押さえ、右手で蓋のつまみを持ち上げます。このとき、蓋のしずくが外へこぼれないよう、蓋をゆっくり持ち上げて、蓋についたしずくを茶碗の中へ落とすようにします。

お茶をいただくとき、口を茶碗のほうへ近づけるのは品がよくありません。両手で茶碗を少し持ち上げ、左手を糸底（茶碗の底）に回し、口元まで持っていったら、音をたてないように一～二口ずつ数回に分けて飲むようにします。このとき右手の指をそろえて伸ばすようにすると、きれいに見えます。

飲み終わって茶碗を茶托《ちゃたく》に置くときも、音がしないように置き、しずくを外へこぼさないように気をつけて、そっと蓋をします。

お茶に付き物のお菓子は、お茶を一口飲んでから食べるようにします（抹茶の席では、先にお菓子を食べるという作法があります）。また、同席者がいる場合は、目上の人が手をつけてからにします。

# 和菓子をいただく

## かぶりつかず、楊枝で一口大に切り分ける

和菓子の楽しみ方の一つに「季節感」があります。和菓子は「季節を先取りする」といわれ、「桜餅」であれば二月下旬ごろから売り出されます。また、和菓子にはそれぞれ風流な名前がつけられています。和菓子をいただくときは、味だけでなく、こうした季節感や見た目の楽しさ、名前の持つ由来なども味わいたいものです。

お茶の席に出る「主菓子《おもがし》」とは、まんじゅうや煉切《ねりきり》など、重量感のある生菓子のことで、このようなお菓子は普通、銘々皿《めいめいざら》に一つずつのせて出されます。いただくときは楊枝《ようじ》で左側または手前から、一口大に切り分けて口に運びます。

串に刺した団子などは、打ちとけた仲間同士なら串を持って食べてもかまいませんが、客席の場合は、楊枝を使って串から抜いていただきます。せんべいは、ティッシュペーパーなどをひざの上に広げ、一口大に割って食べましょう。

なお、和菓子をいただくとき、「黒文字《くろもじ》」という太めの楊子が使われることがあります。「黒文字」とは、クスノキ科の落葉樹の名前で、樹皮の黒い斑点を文字に見立てたところからの名前です。

# おいとまの仕方

## その場の雰囲気を察して

訪問を切り上げるタイミング――、いつ「おいとま」するかは難しいものです。

うっかり長居すると嫌われ者のお客になってしまいかねません。長居をしすぎて「もうそろそろ帰ってほしいのに……」と思われているのに気がつかないようでは困ります。

一般的に「まだ心残りがあるぐらいの時間」「お茶だけなら一時間ぐらい」「食事をごちそうになったら二時間、または、食事のあとのコーヒーが終わったとき」などが、おいとまを切り出すタイミングのようです。

そのほかにも、「先方がお茶を入れ替えようとしたとき」「話が一段落したとき」「食事をすすめられたとき」などのきっかけがありますが、そのような雰囲気を敏感に察知することが大切です。

和室なら座布団からおりたところに正座をし、洋室なら椅子から立ち上がって、歓待へのお礼を述べるようにします。

玄関では靴をはいたら、脱いだスリッパは向きを変えて隅へ。重ねたりはしないように。

# どのタイミングで切り上げるか、

コートやマフラーは玄関を出てから着るのが基本ですが、すすめられたらコートは玄関内で着てもかまいません。ただし、マフラーや手袋は外へ出てからにします。

玄関の外までわざわざ見送りに出てくれたような場合は、一度は振り返って会釈をしましょう。訪問の締めくくりに、楽しい余韻を残したいものです。

帰宅後は、必要に応じてお礼の電話やお礼状を出します。

# お客様を迎える

## お客様の第一印象は「玄関」で決まる

お客様を迎えることを「もてなし」といいますが、これは「持つ」、つまり上手に取り持って（応対して）、「成す」、つまり失敗しないように行動する、という行為から生まれた言葉です。

来客の第一印象は玄関で決まります。「玄関はその家の顔」といわれますから、下駄箱の上が物置きになっていたりするのは見苦しいもの。きちんと整理をし、花を飾るなどして整えておきましょう。

また、その家によって「家独特の臭い」があるので、気になるようであれば、ドアや窓を開けるなどして空気の入れ換えを。お香やハーブで玄関の消臭をする場合は、お客様によって好き嫌いもあるので、あまり強い香りのものは避けます。

訪問のチャイムが鳴ったら、すばやく玄関へ。このとき、音をバタバタと立てて、あわてて駆けつけるのはよくありません。

お客様が脱いだコートや、上がりかまちに置かれたコートは「お預かりします」といって、あとでハンガーに掛けるようにします。上がられたお客様の靴がそろっていない場合は、すぐには直さず、お客様が客間に通られたあとで、そっと直す気づかいを忘れずに。

# 家の中にお通しする①

## 自分は壁際を歩き、お客様には廊下の真ん中を

お客様が靴を脱いで上がられたら、リビングや客間へすぐにご案内します。

このとき、お客様の斜め前の壁側に立ち、案内する方向を「こちらへ」と手で指し示します。奥へ案内するときも、自分は壁際を進み、お客様には廊下の真ん中を通っていただくようにします。

洋室へお通しするとき、押し開きのドアの場合は、ノブに近いほうの手でドアを押し開《あ》け、自分が先に入室し、入室したらドアの脇に立って「どうぞ」とお客様を迎え入れます。

その反対に、手前引きのドアの場合は、ノブに近いほうの手でノブを持ってドアを開き、「どうぞ」とお客様に先に入っていただき、自分はあとから入って、ドアを閉めます。

案内する部屋が二階の場合は、お客様より一、二段先に上ります。このときも、廊下のときと同じように自分は端を、お客様には真ん中を上っていただくようにします。

# 家の中にお通しする②

## 上座と下座に配慮して案内を

部屋には「上座《かみざ》」と「下座《しもざ》」があるので、もちろんお客様は「上座」へご案内します。和室では床の間があるところが「上座」です。洋室では、出入り口に遠いほうが「上座」とされています。

洋室やリビングの場合、招かれたお客様のほうはどこに座ったらよいか迷ったりすることがあります。主人側としては、そのときのお客様の人数、構成などから、あらかじめ席の位置を考慮しておき、お客様をお通ししたときに、「こちらへ××さん、この椅子には○○さん」というように、座る場所を示したほうがすっきりします。

なお、和室の場合、床の間の位置によって「上座」と「下座」が違ってきます。床の間が中央にある場合は、床の間を背にした場所が一番の「上座」になります。次の「上座」は最上座から見て左側、次の「上座」はその向かい。このように左・右を交互に「下座」のほうへ下っていきます。

床の間が部屋の角《すみ》にあり、床脇棚が設けられている和室でも、やはり、床の間の前が一番の「上座」で、その横隣が次の「上座」。以下、床の間から遠ざかる順に、上座から見て左、右と交互に「下座」になっ

## 洋室でも和室でも、

ていきます。

ちなみに、一般の民家が座敷に床の間を設けたり、上流の邸宅でそこに畳を敷くようになったのは江戸時代からで、床の間の元の形は、室町時代の書院造りに見られる一枚の板でした。部屋の奥に厚い一枚板を敷いて、香炉《こうろ》・花瓶・燭台《しょくだい》を置く区切りを設け、その部屋に神仏や賓客《ひんきゃく》を迎えるようになった――、これが床の間の始まりの形だといわれています。

【床の間が中央の場合】

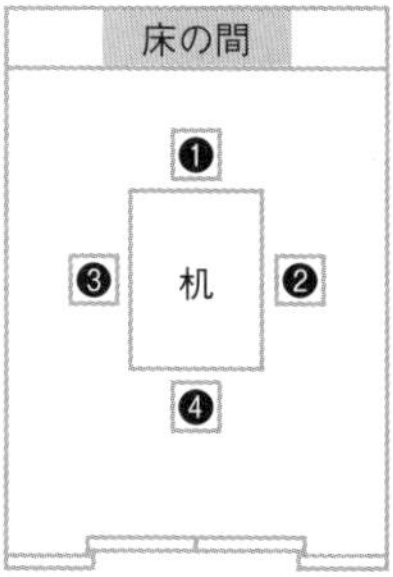


【床の間が角の場合】

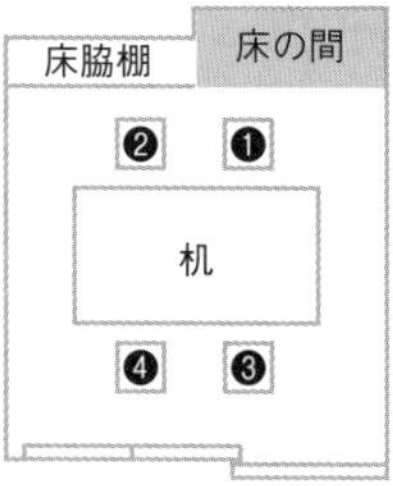

# 席次を決める

## 基本、入口から遠いところが上座

来客や接待客などに、立場や役職に準じた位置に座ってもらう座席の順序、それが「席次」です。

和室なら比較的「上座」「下座」の区別がつきやすいものですが、テーブル席になると、来客の席をどこにしたらよいか迷うことがあります。

146ページでも述べたように、とりあえず入り口から遠い位置が「上座」、入り口の近くが「下座」。通路側と壁側というような部屋なら、壁側が上座と記憶しておけば間違いありません。二～三人が座れるソファと、一人掛けのアームチェアが対面するような応接室では、ソファのほうが「上座」になります。

ただし、席次はあくまでも目安です。きれいな風景や美しい夜景が見えるような窓があり、そちらが来客に喜んでもらえるようであれば、「こちらの景色が見える席はいかがですか？」などと相手の希望をうかがって、座っていただくのがよいでしょう。

どうにも判断がつきにくい会場の場合、招待する側としては、ルームサービス係にあらかじめ、「ふだん、どちらを上座にしていますか」と聞いて確認しておく方法もあります。

## 洋室は上座と下座の区別がつきにくいが、

【洋室の場合】

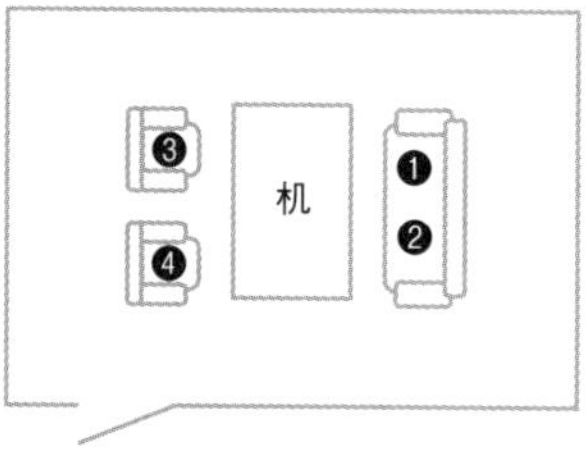


こうした「上座」「下座」のしきたりは、「座敷」に由来しています。古来、日本の住居はどの部屋も板の間でした。江戸初期（十七世紀）になり、客間を作るようになったとき、その部屋だけは畳を敷き詰めました。これが「座敷」です。

この座敷の正面に、書院造りを模して床の間・飾り棚を配置し、身分の高い客を招いたとき、床の間の床柱の前を最上の席として迎え、ここを「上座」としたのです。以下、身分の上下に応じて、座敷の入り口のほうへ行くに従って「下座」となっていきます。この江戸の座敷で生まれたしきたりが、今に残っているというわけです。

# 和室の入り方

## 片手で開閉するのが正式

「ふすま」の〝ふす〟とは、〝臥《ふ》す〟、つまり「人が寝る」という意味からきた言葉だといいます。

もともと日本間には鍵はありません。仕切りは、ふすまや障子です。その向こう側に臥せっている人がいるかもしれません。したがって、〝臥す間〟へ勝手に入室したりすることは、礼儀に反します。このような背景があって、ふすまを開閉する際の作法が生まれたといわれています。

昔、「和室に入る前には咳《しわぶき》をせよ」という教えがありました。つまり、咳《せき》（咳払い）が入室のノック代わりというわけです。

最近は洋室の生活になり、和室の作法を知らない人が多くなっていますが、ふすまを開けて和室へ入る手順は知っておきたいものです。

和室の動作は座って行うのが基本です。

ふすまを開けて入室する場合も、まず、ふすまの前にひざまずき、「失礼します」と声をかけます。声をかけて、すぐに開けるというのはよくありません。中にいらっしゃるお客様が、座り直したりする間《ま》をおくこと。

## ふすまは座った姿勢で、

そして、ふすまの開閉を片手で行います。両手を一緒に添えるのが上品と思われがちですが、これは間違いです。

ふすまには下から三分の一のあたりの高さに、引き手がついています。まず、これに近いほうの手をかけて少し開け（五～一〇センチぐらい）、次にその手をふすまの側面に沿って下ろし（床から十五センチぐらいまで）、そのまま自分の体の半分ほどまで開けます。そこで、今度は手を替えて、自分が通れる程度まで、ふすまを滑らせるようにしてすべて開けます。

つまり、最初に引き手にかける手で少し開け、ふすまを滑らせて全部開けるときは反対の手に替える――、これが座ってふすまを開ける正式な作法です。

ふすまを開けたら、立ち上がって部屋に入り（敷居は踏まないこと）、今度はそこで体を斜めにして、ふすまの前に座ります（お客様にお尻を見せないように）。そして、ふすまを開けたときと反対の順番で、ふすまを閉めます。

# 茶菓を出す

お客様を居間へお通ししたら、すぐに飲み物を出せるよう準備しておきます。

親しい間柄であれば、好みを聞いてから出すこともできますが、初めてのお客様で聞きにくいようなときは、日本茶を差し上げるのが無難です。

お茶を注ぐときは、茶碗を茶托からはずしておき、お茶を注いでから茶托にのせます。これは、茶托にお茶のしずくがこぼれるのを防ぐためで、お茶のしずくのついた茶托でお出しするのは失礼にあたります。

## 茶碗を茶托からはずした状態で

別室でお茶を入れてお出しする場合も、茶碗を茶托にのせたまま運ぶと茶托を濡らしてしまうかもしれません。この場合は、お客様の前にまず茶托を置き、その上に茶碗をのせるようにします。

お茶もお菓子の皿も、お客様の正面からズイッと出すのは失礼です。お客様の右後方、あるいは下座の側に回って、お客様から遠いほうの手を使ってお出しすること。お客様に近いほうの手を使うと、不躾《ぶしつけ》な感じになるので気をつけましょう。

## お茶を注ぐときは

まず、お菓子をお客様から見て左側へ、次にお茶はその右側へ。もちろん、皿の模様はお客様の正面に向くようにします。

なお、お茶のお代わりは、親しい友人なら同じ茶碗に注ぎ足してもかまいませんが、正式には別の茶碗であらためて入れます。注ぎ足しは厳禁とされています。

お出しするお菓子はこちらで用意しておき、一般的に、お客様の手土産はその場では出さない、というのがしきたりでした。

しかし、「おもたせ」という言葉があるように、ごく親しい間柄でしたら「では、おもたせをいただきましょう」などと言って、お客様の手土産を、その場で気楽に開けるのも一般的になっています。お客様は「一緒に食べたいな」と思って、それを買って来たのかもしれませんから。

また、お客様が帰るときに持って帰っていただくお土産は、あらかじめお客様の好みがわかっていれば、それを用意しておきますが、もし近所で評判の食品などがあれば、それを用意しておくのもよいでしょう。

昔からお土産や贈答品に食べ物が用いられることが多いのは、食べる幸せをともに感じられるからといわれています。

# 引っ越しのご挨拶

## 蕎麦が引っ越しの挨拶の定番に

引っ越しは、ご近所との新しいお付き合いの始まりです。「遠い親戚より近くの他人」のことわざ通り、新しい人間関係がスムーズになるよう、最初のご挨拶はきちんとしておきたいものです。

昔は、引っ越しの挨拶で配るのは、蕎麦と決まっていました。いわゆる〝引っ越し蕎麦〟ですが、今は挨拶にうかがうときは石けん、タオル、ハンカチ、クッキーなど、ごく日常的に利用できるものなどで十分と思われます。

品物にはのし紙をかけ、名前を覚えてもらうためにも、自分の名前を書いておくのが流儀です。

配る範囲は、以前は「向こう三軒両隣」といいました。つまり、お向かいさんとその両隣、自分の家の両隣の五軒です。

マンションの場合は、その構造にもよりますが、両隣はもちろん、よく顔を合わせるようになると思われるお宅と、音が響くかもしれない上下のお宅。また、自治会長、管理人などにもしておくといいでしょう。

引っ越しの挨拶は、その日か、翌日に。部屋数の少ないアパートな

## 「お側」と「蕎麦」のゴロ合わせから

どの場合は、「○○号室に越して来た△△です。今後ともよろしくお願いいたします」程度の挨拶は、全戸にしておくのがよいかと思われます。

ところで、なぜ引っ越しの挨拶が蕎麦だったかというと、これは江戸時代の風習で、転居した際、その近隣に「おそばに参りました」という意味で、お側《そば》と蕎麦《そば》のゴロ合わせで蕎麦を配ったからといわれます。

江戸では隣近所には二つ、大家さんには五つ配るのがしきたりだったそうですが、これは「そば」のゴロ合わせのほかに、同じものを食べることによって仲間に入れていただく、という日本人の贈答に対する気持ちがその根底にあったと見られています。

ちなみに、最近は〝引っ越し蕎麦〟の意味が勘違いされていて、蕎麦を配る人より、引っ越し祝いとして自分たちだけで新居で蕎麦を食べる人のほうが多くなっているとのこと。引っ越し蕎麦の新たな習慣が生まれつつあるようです。

# 土産のはじまり

## もともとは神様の恩恵を持ち帰って分かち合うものだった

「みやげ」という言葉は、本来は「宮《みや》笥《げ》」（笥は竹で編んだ箱）で、寺社に参拝した際に、神様の恩恵を持ち帰って人々に分け与えることを意味していました。

その「みやげ」が広まったのは江戸時代。一生に一度は参拝したい伊勢神宮に、村人の代表者が行く「お伊勢講」という仕組みが生まれ、代表者は村人からもらった餞別《せんべつ》で「宮笥」を持ち帰ったのです。それが徐々に神様の恩恵ではなく、門前や街道の茶屋が売っている餅や団子といった名物に代わっていきました。

そして寺社参詣に限らず、旅に出る際、餞別をくれた人たちに配るものとして、旅先の土地の産物（土産）を買って帰る習わしとなって根付きました。

このほかに「みやげ」とは「見上げ」という言葉が転じたものだという説もあります。「見上げ」、つまり、よく見て調べて人に差し上げるもの、ともいわれます。土産を買うときは、よく見て調べ、心づかいが感じられるものを差し上げるようにしたいものです。

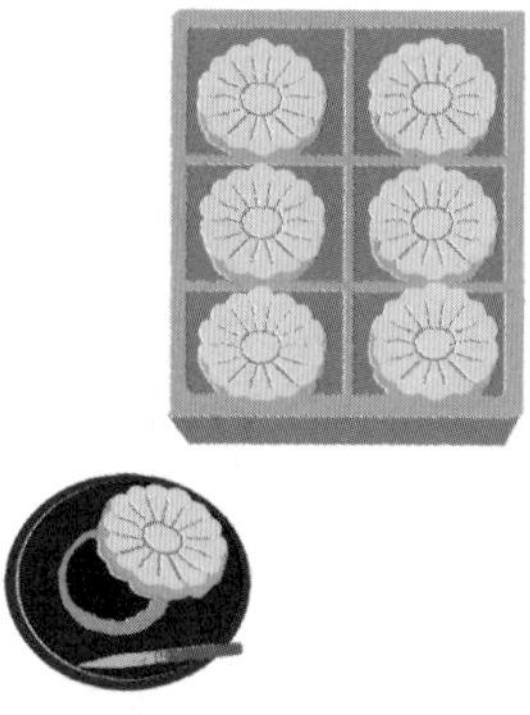

［知っておきたい礼儀作法］

# 日常生活のしきたり

お中元やお歳暮、神社への参拝、お墓参りといった習慣は、
そもそも日本特有の信仰心に端を発しています。
今ではなかば形式化したものもありますが、
その由来と作法を知ることで、
心を込めて行っていきたいものです。

# お中元・お歳暮を贈る

## お世話になったお礼のしるし

お中元・お歳暮は、「お世話になっていることに対しての感謝の気持ちを伝える」ためのもので、お中元は上半期のご挨拶として、お歳暮は一年間お世話になったお礼代わりに贈ります。

ただ、両方贈るのが負担になるようなときには、お歳暮だけを贈り、お中元を贈る代わりに、暑中おうかがいの手紙で、こちらの気持ちを伝えるようにするとよいでしょう。

もともとお歳暮とは、親子の付き合いに端を発するといわれています。昔は年の暮れに親元で会食するため、子方が餅や魚（塩鮭・鰤《ぶり》など）を持って行き、親元はそのお返しに酒をふるまったり、持たせて帰したりしたというやり取りがありました。それが、次第に現在のような形になっていったとされています。

また、江戸の商家では、六月、十二月が決算期で、十二月には得意先や顧客に贈答品を配る習慣があったことから、今のようなお歳暮の風習になっていったともいわれています（↓お中元についてはP.92）。

お中元を贈る時期は、七月初めから十五日まで。デパートから送るような場合は、差し迫ってくると混み合います。六月中の空いている時期ならゆっくり選べるので、ありきたりな品選びになるのを避けることができるでしょう。十五日を過ぎてしまった場合は、「暑中見舞い」として贈ります。

お歳暮を贈る時期は十二月初めから、遅くても二〇日ごろまでには届くよう手配したいもの。暮れもひどく押し迫ってからでは、贈るほうもいただくほうもあわただしく感じられるので、このようなときは、年を越してから「年賀」として贈ったほうがよい場合もあります。

また、年末は相手が帰省したり、旅行に出かけたりすることもあります。とくに生ものといった消費期限の短い食品を贈る場合には気をつけたいものです。

ちなみに、お中元もお歳暮も、一度贈ったら毎年続けて贈るのがマナーとされています。今回、または今年、特別にお世話になったという場合は、「お礼」として単発で贈答品を贈り、感謝の気持ちを表す方法もあります。

# お中元・お歳暮の品物選び

## 相手の家族構成、嗜好や体調も考えて選びたいもの

お中元・お歳暮に何を贈ったらよいか、は頭を悩ませるところです。そのようなとき、贈る相手の家族構成を知っておくことも大切です。お年寄りや子どもの年齢などを住所録の隅にメモしておくと、品物選びの参考になります。

また、少人数の家族に量が多いものは迷惑です。相手の嗜好、体調も考えて、お酒を飲まない人にビールやワイン、高血圧の人に塩分が多い佃煮などは避けましょう。

贈って喜ばれるコツは、季節感のあるもの。毎年同じ物を贈るようにすると、それを期待してもらえる効果があるともいいますが、贈答の「贈」という字は「珍しい品物をおくる」という意味。時には、ちょっと気の利いた「珍しい品物」を選んでみてはいかがでしょう。

費用は、お中元の平均は三〇〇〇円前後、お歳暮は三〇〇〇円～五〇〇〇円が一般的。こうした相場にこだわることはありませんが、お中元、お歳暮を選ぶときは、相手の家庭や顔を思い浮かべながら品選びをするようにしたいものです。

また、品物のランクは、一度決めたら変えないものとされています。相手が昇格したからと上げる必要はなく、反対に降格した、退職したからとランクを下げるのは失礼にあたるので気をつけます。

# 贈答品の包装

## 慶事では二枚重ね、弔事では一枚と、包み方が違う

現在、贈答品を贈る場合は、たいていデパートや商店などで求め、包装から何から、お店のほうで行ってくれることがほとんどです。そのため、贈答品の包装のしかたも忘れられがちです。

贈答品を包むときの作法として、まず気をつけたいのは、慶事と弔事の場合で違うということです。

包み紙の数は、婚礼など慶事のときは、二枚重ねにします。小さな品物の場合にも、一枚の包み紙を二つ折りにし、折り目を切って二枚にしてから包みます。一方、弔事のときは「不幸が重ならないように」と、包み紙は一枚だけにします。

包み方は、慶事のときは品物を包み紙の上に置いて、まず左から折り、次に右を折って左の上にかぶせる、つまり右上にして包みます。

弔事のときは、慶事とは逆の折り方で包み、左上にします。弔事は非日常的な出来事であり、それを示すために、通常とは逆の包み方をするのです。

これは、現金を包む場合も同様で、慶事のときは二枚で包むのに対して、弔事のときは一枚で包みます。

# 贈答品の水引とのし

室町時代には、進物《しんもつ》に白い紙をかけ、「水引」で結び、「のし」をつけるのが贈答の正式な儀礼になりました。さらに、江戸時代には進物の目的によって、水引の色や結び方を変えるようになりました。これが現代に続いています。

水引とは、神に進物を供える際にかけた「しめ縄」が変化したものとされ、「水のりを引く」という語源に由来します。

慶事のときは紅白、あるいは金銀、金紅二色などの水引を、三本または五本にして使います。一方、弔事のときは黒白、あるいは藍白二色、白一色、銀一色などの水引を、二本または四本にして使います。

結び方は、何度あってもうれしい祝事の場合は、結び直しのできる「蝶結び」に。結婚や弔事などは、「二度はないように」という意味で「結び切り」や「あわび結び」などにします。

「のし」は包装した品物の右上に貼りつけて、進物の印とするものです。

## 水引とのしは慶事と弔事で

「のし」とは「熨斗《のし》アワビ」の略で、「熨斗」とは、炭火の熱で布地などを伸ばすこと。かつては、アワビの肉を薄く切り、熱で伸ばしたものを使いました。

アワビは古くから高貴な品とされており、鎌倉時代になると、貴族や武家の間で祝儀やお祝いの贈答品に、生のアワビを添えるようになりました。進物にアワビを添えることが、祝儀用の生臭物であることの印だったわけです。

やがて、アワビを乾燥して伸ばした「熨斗アワビ」で代用するようになりますが、さらに黄色い紙片などを紅白の紙に包んで添えるなど、簡略化されていきました。現在ではさらに簡略化されて、祝儀用の包装紙や祝儀袋には「水引」と「のし」の両方がすでに印刷されています。

ちなみに、魚介類や肉類のような生臭物の贈り物には、のしをつけません。また、弔事の不祝儀袋には「のし」をつけないのが決まりです。

### 「水引」と「のし」

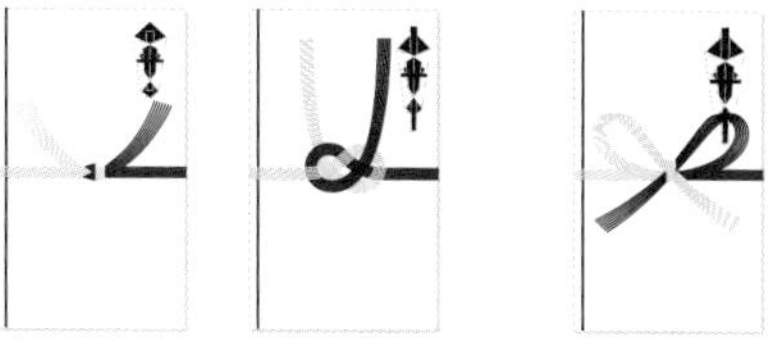

**結び切り**　**あわび結び**
結婚や忌事など、二度はないようにと願う場合

**蝶結び**
祝い事や日常の贈り物など、何度あってもめでたい場合

# 贈り物の表書き

## 文字の色の濃さ、袋などが違う

贈り物をむき出しのままで渡すのは失礼です。お金や品物は必ず包んで渡します。その表書きをどう書くべきか、それぞれ目的に合ったしきたりがあります。

お中元、お歳暮などは、一般的には表書きを印刷した紙を利用することが多いでしょう。また、慶事の場合は祝儀袋、弔事の場合は不祝儀袋に現金を入れて贈りますが、その際、贈る側の意図がわかるような表書きにします（表参照）。

どう書けばいいか迷ったら、基本的に慶事の表書きは「御祝」「寿」でよく、弔事の場合は「御霊前」が一般的です。故人がどの宗教に属していたかわからないとき、キリスト教でも神道でも使えるのが「御霊前」だからです。ただし、仏教の宗派の一つである浄土真宗では「御霊前」を使わないので、仏教のお葬式で宗派がわからないときは「御香典」にしておくのが無難です。また、キリスト教と神道で「御霊前」を使うと

# 慶事と弔事で、使われる言葉、

きは、祝儀袋に蓮の花の絵柄がついていないものを選びましょう。

そして、下段の中央に自分の姓名を書きます。複数の場合は代表者の氏名を書いて「外一同」と入れます。

表書きは筆ペンかサインペンを使用、ボールペンは避けます。毛筆の場合、慶事では濃い墨で喜びを表すのに対して、弔事では薄墨を使います。これには、涙で墨が薄まるほどの悲しみの気持ちを示すという意味があります。

なお、読経《どきょう》をしてくれた僧侶への謝礼は、白い封筒（水引のないもの）に入れ、「御布施《おふせ》」と書きます。僧侶の読経は料金を取るものではないので、「御経料」と書くのは避けたほうがよいでしょう。

## 用途別の表書き

| | |
|---|---|
| 慶事、祝い事 | 御祝、寿、酒肴料《しゅこうりょう》 |
| 謝礼 | 薄謝、御礼<br>寸志（目下の者へのみ） |
| 仏式の葬儀 | 御霊前、御仏前、御香典、御香料 |
| 神式の葬儀 | 御神前、御神饌料《ごしんせんりょう》、御玉串料 |
| キリスト教式の葬儀 | 御花料 |
| 僧侶への謝礼 | 御布施 |

# お礼状を書く

## 感謝の気持ちが伝わる内容で

贈り物やお見舞いをいただいたときや、お世話になったときは必ずお礼状を出すようにします。

結婚、出産、入学、就職、長寿などで、お祝いの金品をもらった場合。出産、病気、災害などで、お見舞いの金品やお見舞い状をもらった、あるいは、お見舞いに来てくれた場合。

お中元、お歳暮、旅行土産などの贈答品をもらった場合……などなど、相手の好意に対してのお礼状はできるだけ早く出す――、これが基本のルールです（弔意に対するお礼状だけは、四十九日の忌明け以降とされています）。

相手ととくに親しい間柄であれば、取り急ぎ電話で、というのでもいいですが、お礼状の基本は、弔意、入院お見舞い以外の場合は、それが届いたその日か、翌日に出すこと。葉書でかまわないので、品物が届いたことと、感謝の気持ちを書いて、さっと出します。

## 基本はなるべく早く

一般的に文面は、「結構な品をいただき」とか「おいしいものをありがとうございました」などと決まりきった文句になりがちですが、できれば、もう少し具体的にしたいもの。さっそく使ってみた、味わったという場合は、その品物がどんなふうに役に立ったとか、味わったときの家族の感想なども書き加えられれば、贈ってくれた相手に喜んでもらえます。

病気見舞いのお礼状は、すぐにというわけにはいきませんが、退院のお知らせを兼ねて、感謝の気持ちと近況を伝えるのがよいでしょう。

なお、お礼状などをすぐに出せるように、官製葉書や美しい記念切手などを、ふだんから用意しておきたいところです。目上の方に対してや丁重なお礼を伝えたいときは手紙にしますが、その場合は、白無地のシンプルな便箋を使います。

また、お礼状は手書きにすることで、丁寧で温かみのある印象となり、より感謝の気持ちを伝えることができます。ただし、弔事のように人数の多い場合やビジネス関係でのお礼であれば、パソコンで作成したものでも問題ありません。

# お見舞いに行く

## 相手の状況をよく見極めて

病気のお見舞いには、会社の上司、同僚、親戚、親しい知り合いなどいろいろなケースがあるでしょうが、お見舞いで何よりも大事なことは、うかがうタイミングです。

「入院した」と聞いて「それ、お見舞いだ」と駆けつけるのはかえって迷惑です。入院から一週間くらいは検査や手術、術後の経過などで大変な時期です。本人がやつれていて会いたくない場合もあるでしょうし、痛みがひどい場合

もあるでしょう。

もし家族に病状を聞けるような間柄であれば、お見舞いに行きたい旨を告げ、「元気づけてやって」などと言われたら行くようにします。病状について言葉を濁しているような場合は控えるべきです。一週間以内の短期入院で症状がそれほど重くない場合なら、家族へお見舞いの言葉を述べる程度で十分です。

## 行くタイミング、お見舞いの品は

お見舞いの品は、症状にもよりますが、一番無難なものは現金、商品券などです。お見舞い用の包みが市販されていますから、それを利用すると便利です。

なお、お見舞いの品というと、病人の心をなごませてくれるというので花を思いつきますが、お見舞いにはタブーとされている花があるので注意。鉢植えの花は〝根が付く（寝付く）〟として嫌われるのはもちろんのこと、香りの強い花、色のどぎつい花など、同室の患者さんが気にする場合もあるので、避けたほうがよいとされています。

花屋さんに「病気見舞いだから」と伝えれば、プロの目で差し支えのない花を選んでくれるはずです。また、切り花の場合は花瓶がないこともあるので、病室にそのまま飾っておけるアレンジメント（盛り花）などが喜ばれるでしょう。

# 神社に参詣する

鳥居とは、神様を祀《まつ》った神聖な場所と外との境界を示すものです。その鳥居をくぐることは、神域へ入ることになりますから、くぐる前には会釈をします。

鳥居をくぐって参道を歩いて行くと、本殿の手前に水場（手水舎《てみずや／ちょうずや》）があります。これは、神前に進む前に身のケガレを落とすためのものですから、ここで手を洗い、口をすすぎます。

順番は、まず右手でひしゃくを持ち、水をたっぷりと汲み、左手に水を少しかけて洗います。次に、ひしゃくを持ち替えて、同様に水を右手にかけて洗います。ここで再度ひしゃくを持ち替えて、丸めた左手に水を注ぎ、その水で軽く口をすすぎます。

参道は真ん中を歩かず、端を歩きます。参道の真ん中は「正中《せいちゅう》」といって、神様が通る道だからです。

## 二礼二拍手一礼で拝礼する

神前に進んだら、姿勢を正して立ち、まずお賽銭《さいせん》をあげ、鈴を鳴らし

## まず手と口を清め、

ます。鈴の音により神霊を招き寄せるといわれています。

拝礼は「二礼二拍手一礼《にれいにはくしゅいちれい》」が作法です。まず、深く二回おじぎをします（二礼）。次に胸の高さで両手を合わせ、心の中で願い事を唱えてから、二度拍手《かしわで》を打ちます（二拍手）。最後にもう一度おじぎをします（一礼）。

なお、拍手の正しい打ち方は、両手を合わせたときに、右手を少し下げます（右手の中指の先が左手の中指の第二関節にくるくらいまで）。そして、打つときは両手を肩幅程度まで水平に開いて、二度打ち合わせ、二拍手のあと、下げた右手を元へ戻して手の先をそろえるようにします。

ちなみに、なぜ「拍手」というかというと、古来、神に捧げる食物に柏《かしわ》の葉で編んだ食器を使い、食事を捧げる合図として二拍の手打ちを行ったことによるといいます。

# 厄年の厄払い

## 厄除けの祈願をしてもらう

ある年齢に達すると、災難や不幸に出合うことが多いとされる男女の年齢。それが厄年《やくどし》です。

厄年は一般的には男性が数え年で二十五歳、四十二歳、六十一歳。女性が十九歳、三十三歳、三十七歳、六十一歳です。

とくに男の四十二歳は「死に」、女の三十三歳は「散々」に通じるということで「大厄《たいやく》」といい、その前の年を前厄《まえやく》、後の年を後厄《あとやく》として、厄年が三年間続くとされています。

地方によっては、男性は二と五のつく年齢、女性は三、七、九のつく年齢を厄年とするところもあります。

本来、厄年とは平安時代の陰陽道《おんみょうどう》（占いにより災難を避けるという学問）の考えに基づいて広まりました。一般的に男女ともこれらの年齢は体調に変化が起きやすい時期ですし、また、社会的役割においても人生

## 現在では、神社や寺院で

の転機にあたることが多いものです。そのため、これらの年齢を迎える年には、万事慎重にしなければならないとされてきました。

その厄から逃れるために、厄年にあたる男女は「厄払い」「厄落とし」をする風習が広く行われています。

その一つに、「年重ね」「年直し」の風習があります。年内に正月をもう一度迎えれば、厄年が早く終わるだろうという理由で、二月一日とか六月一日に門松を立て、雑煮を食べたりしたといいます。

現在では、神社や寺院などで、厄除けの祈願をしてもらうのが一般的です。

節分の豆まきも、厄払いの一つの方法だと考えられています。ケガレや災い、つまり厄を豆に転化して、「鬼は外」の掛け声とともに厄を追い払うというわけです。それが立春の前夜に行われるのは、厄を落として新しい生活を始める節目にしたいという願いからです。

また、六月三〇日には各地の神社で、大きな茅《ちがや》の輪をくぐる行事＝「夏《な》越《ごし》の祓《はらえ》（茅《ち》の輪くぐり）」（P.86参照）が今でも広く行われています。これも厄払いの一つの方法です。

# お墓参りをする

## 花や線香を供えて、手を合わせる

お盆や春・秋のお彼岸に、お墓参りをする風習があります。彼岸とは本来、仏教で現世の向こう岸の世界という意味ですが、現在、彼岸は先祖を供養し、寺参り・墓参りをする日になっています。

「供養」とは、先祖の霊に物を供えて、冥福（亡くなった人のあの世での幸せ）を祈ること――、それが墓参りです。

お寺に着いて、墓地へ行く前に本堂に上がり、僧侶に挨拶するような場合は、気持ち程度の「御供物料《おくもつりょう》」や菓子折などを持参します。霊園の管理者がいるところであれば、こちらへも挨拶を。

墓地へ向かう前には、お寺や管理事務所に用意してある手桶に水を汲み、お墓の清掃用具を借りることができればそれを利用します。それとは別に、軍手やタオル二、三枚を持参していくと、お墓の掃除に役立ちます。

## まずお墓の掃除をし、

お墓では、まず手を合わせてから、掃除を始めます。掃除の手順はお墓の状況によりいろいろですが、墓石に水をかけて汚れを洗い流したあとは、持参したタオルや雑巾などでふき取ります。お墓の刻み文字の汚れは、歯ブラシがあるときれいに落とすことができます。お墓の周りはほうきで掃き清め、ゴミはゴミ袋に入れて所定の場所へ。

掃除がすんだら、花や線香を供えてお参りします。墓石にはひしゃくで静かに水をかけます。ご先祖様にのどの渇きを癒してもらうという意味があるからです。

故人がお酒を好きだった場合は、お墓にお酒をかける風習もあります。その場合、わずかな量ならかまいませんが、大量にかけると墓石を傷めるといわれています。故人をしのびながら、墓の周りにお酒を注ぐ、またはお酒を供えるという供養の仕方もあります。

お供えするお菓子などは半紙を用意していき、その上にのせるようにします。

帰る場合の注意としては、風が強いときは、とくに火の始末に気をつけます。また、お供え物は持ち帰るのがマナーです。カラスなどに食い散らかされるのを防ぎ、墓地の環境を清潔に保つためです。

# 仏壇に手を合わせる

仏壇は、もっとも古い形が法隆寺の「玉虫厨子《たまむしのずし》」で、以後、中世になって有力者が私宅に仏間を設け、仏像を安置したのがその起源とされています。江戸時代以後、寺院の仏壇を模した小型の厨子型のものが民間に広まっていきました。

現在主流になっている三段の仏壇の場合、宗派によって違いはありますが、一般的に最上段に本尊と位牌《いはい》、中段に仏飯器《ぶっぱんき》、茶湯器《ちゃとうき》、高坏《たかつき》。一番手前の下の段に、お参りによく使われる仏具類（線香立て、香炉《こうろ》、燭台《しょくだい》、リン、花立て）を置きます（なお、これらの置き方に決まりがある宗派もあります）。

## リンを鳴らして、お経を唱える

礼拝《らいはい》は、朝夕二度行うのが正式です。

まず初めに、マッチでろうそくに火をつけます。この明かりで仏様や先祖の霊が目覚めるといいますが、ろうそくの火には周りを浄化する作

## 朝夕に線香をあげ、

用があるとも考えられています。なお、マッチの火は口で吹いたり、香炉にさして消したりするのは厳禁です。マッチを消すための仏具（マッチ消し）を用意しておきたいものです。

次に、ろうそくの火で線香をつけ、香炉に立てます（浄土宗、浄土真宗などでは寝かせます）。よく「仏様に線香をあげる」といいますが、「線香をあげる」こと自体、焼香と同じで、仏様を拝むということになります。

線香の数は、一般的に一本または三本です。線香の煙は〝仏様を煙にのせてお連れする〟といわれ、線香の香には仏様の〝霊威〟（不思議な力）が宿っていると古くから信じられてきました。

線香をあげたら、次にリンを（外側でなく内側を静かに）二つ打ち、合掌してお経を唱えます。合掌のあと、再びリンを二つ打って深く礼をしたあと、ろうそくの火を手であおいで消し、軽く礼をして、お参りを終えます。

なお、合掌は指先をそろえ、手首は胸のみぞおちの前の高さに置き、前方に突き出したりしないようにするのが作法です。

# 神棚へのお参り

## 米・塩・水の三品をお供えし、榊の水を替え、ろうそくに火をともす

神棚は、神社からいただいたお神札《ふだ》を祀《まつ》る神聖な場所です。お神札はその家や会社を守ってくれるものですから、毎朝、顔や手を洗い、口をすすいで身を清めたあとに、お供え物をし、その日の無事と健康を祈り、感謝を捧げるためにお参りするのが習わしです。

毎日お供えするものは、米・塩・水の三品です。供え物をしたら、神棚に飾ってある榊《さかき》の水を替え、燈明《とうみょう》（ろうそく）に灯をともします。お参りのしかたは、神社のときと同じように「二礼二拍手一礼」（P.170参照）を行います。

新しいお供え物の代わりに下げたものは、神様の力をいただく「お下がり」として料理に使い、家族みんなでいただきます。

また、お正月、毎月一日・十五日、家族や会社にとっての記念日や大切な日などには、三品のほかにお酒や野菜、果物などもお供えします。いただき物があったり、季節の初物を食べたりするときなどは、まず神様にお供えして感謝してから、そのお下がりをいただきます。

［知っておきたい礼儀作法］

# 手紙のしきたり

現代においても、あらたまったやり取りは手紙にするのが礼儀です。

その際、古くから続く「拝啓」といった書き出しや時候の挨拶など、手紙のしきたりを守ることで、礼を尽くす気持ちを表すことができます。

# 手紙と葉書

## 出す相手と用件によって使い分けを

現在のように電話や電子メールなどがなかった時代には、手紙が唯一の伝達手段だったため、古くから手紙のやりとりが重視されてきました。

とくに礼儀を重んじる日本人にとって、手紙には時候の挨拶、「拝啓」（頭語《とうご》）と「敬具」（結語《けつご》）といった書式をはじめ、文体、言葉づかいなど、伝統的にいくつかの約束事があります。それらは、決して堅苦しい約束事ではなく、日本人ならではの細やかな心づかいが込められたものなのです。

元来、手紙とは封書のことを指します。葉書は近代になって使われだした略式な手紙ですので、出す相手と書く用件によって、区別するのがいいでしょう。

葉書は「端書」とも書くように、「端」である紙片に書きつける覚書の意ですから、簡潔に用件を伝える場合などの便宜的な手段として利用します。

基本的に、目上の方に葉書を送るのは失礼とされていますが、緊急の用事やさっと用件だけを伝えたいときは、葉書のほうが便利なこと

## 葉書はあくまで便宜的なもの

もあります。たとえば、ちょっとした贈り物をいただいたときに、手紙で丁重なお礼を述べるのはそぐわないでしょう。

葉書を書くときは、手紙と違って、時候の挨拶などを長々と述べず、簡潔にして、すぐに用件に入ります。場合によっては、頭語を「前略」とし、いきなり用件に入ってもいいでしょう（↓頭語と結語についてはP.184）。

また、丁重な手紙を書くときの筆記具は、筆、万年筆、つけペンがベストで、ボールペンであれば、インク漏れやかすれのない高級なボールペンを使います。インクの色は、黒かブルーブラックが正式です。フェルトペンや安価なボールペン、色でいえば明るいブルーは、改まった手紙には向きません。

# 表書きと裏書き

手紙や葉書を送る際、相手の名前のあとに、どのような敬称をつけるかは、相手の地位や送る側の立場などによって異なります。

もっとも一般的な敬称は「様」で、相手が目上、同輩、目下、男女に関係なく使います。「殿」は公文書やビジネス文など改まった形で相手に手紙を出す場合に用い、また、父親が自分の子どもに出すときにも、「殿」を使うのが一般的です。

「御中」は、相手が個人でなく、会社や組織、団体などの場合に使うもので、「その組織・団体のどなたかに」という意味があります。ですから、「○○会社御中　△△△様」と書くのは間違いで、担当者の名前を書く場合は、「○○会社　△△△様」となります。

「各位」は相手が個人ではなく、複数の人に出す際に用い、たとえば「同窓生各位」などとします。

## 脇付けの正しい使い方

また、手紙を受け取る人に「様」「殿」をつけるほかに、さらにその左下に「脇付け」を書き添えることがあります。脇付けは、相手に対する敬意をより表わすもので、「侍史《じし》」「机下《きか》」「御前《おんまえ》」「御許《おんもと》に」などがあります。

## 「様」「殿」「御中」といった敬称や

「侍史」はお付きの人のことで、「直接渡すのは恐れ多いので、侍史を通してお送りします」という意味、「机下」は「直接渡すのは恐れ多いので、机の下に置かせていただきます」という意味です。「御前」「御許に」は、ともに「お手元に」といった意味で、女性が目上の人に対して使います。しかし、最近ではめったに脇付けを見かけなくなりました。

手紙を受取人自身に開封してほしいときには、封筒表の左下側に赤字で「親展」と書きます。親展の「親」は「自ら」、「展」は「開いてください」という意味です。

手紙の裏書きは、住所を書いて、その左側に差出人の名前を書きます。書く位置は、名前が中央の封書の継ぎ目の上にくるように書くのが正式です。しかし、書きにくい場合は、継ぎ目の右側に住所を書き、左側に名前を書いてもかまいません。

また、手紙を入れて封をした際に、その境目に「〆《しめ》」「封《ふう》」「緘《かん》」などと書くのが、古くからの習わしです。一般的には「〆」が使われており、慶事の手紙では「寿」「賀」などと書くこともあります。

ちなみに、封をするときにテープを使うと簡略的な印象になるので、丁寧な手紙の場合はのりづけにします。

# 頭語と結語①

## 手紙の用件によって使う言葉が変わる

日本では、手紙文を書く際に、頭語《とうご》（冒頭に書く言葉）と結語《けつご》（結びに書く言葉）を入れるのが一般的です。

たとえば、「拝啓」で始めて、「敬具」で締めるのが頭語と結語の組み合わせです。「拝啓」は、「拝＝つつしんで」「啓＝申しあげる」という意味で、「敬具」は、「敬＝つつしんで」「具＝申しあげました」という結びになります。

手紙を出す相手が媒酌人《ばいしゃくにん》や恩師といった大切な人の場合には、より丁寧な頭語と結語を使います。たとえば、「謹啓」→「敬白」などで、「拝啓」→「敬具」と意味は同じですが、より丁寧な表現になります。

ちなみに、急用の手紙の場合には「急啓」→「草々」などと書き、時候の挨拶を省略する場合には、頭語を「前略」「冠省」などと書き、結語は「草々」などで結びます。「草々」とは、「ぞんざいな走り書きで、失礼します」という意味です。

また、死亡通知やお悔やみなど弔事の手紙には、頭語や時候の挨拶を省くのが習わしで、いきなり「このたびは……」などと用件に入ります。「敬具」などの結語は、使ってもかまいません。

# 「拝啓」と「敬具」のほか、

## 「頭語」と「結語」の使い方

| | 頭語 | 結語 |
|---|---|---|
| 一般的な手紙の場合 | 拝啓<br>拝呈<br>啓上 | 敬具<br>敬白<br>拝具 |
| 丁寧な手紙の場合 | 謹啓<br>恭啓<br>謹呈 | 謹言<br>謹白<br>敬白 |
| 略式の手紙の場合 | 前略<br>冠省<br>略啓 | 草々<br>早々<br>不一 |
| 緊急の手紙の場合 | 急啓<br>急呈<br>急白 | 草々<br>不一<br>不備 |
| 面識のない相手への手紙の場合 | 拝啓<br>拝呈 | 敬具<br>謹言 |
| 返信の場合 | 拝復<br>復啓 | 敬具<br>敬白 |
| 再信の場合 | 再啓<br>追啓 | 敬具<br>拝具 |

# 頭語と結語②

## 代わりに使う言葉とは？

女性の手紙では、「拝啓」や「謹啓」といった頭語はあまり使わず、「一筆申し上げます」などというような頭語で書き始め、結語も「敬具」などではなく、「かしこ」で終わるのが一般的でした。これには理由があります。

平安時代初期までは、おもに男性は、漢文調の文体で手紙を書いており、そのような文体は「男手《おとこで》」と呼ばれました。平安中期以降になると、仮名文との併用が始まり、漢字仮名まじり文も使われるようになりました。

やがて「候文《そうろうぶん》」と呼ばれる文体が用いられるようになって、「御座《ござ》候《そうろう》」「御参らせ候」などと、「候」が手紙に多用され、鎌倉、室町、江戸時代でも、男の手紙文の基本は「候文」になりました。

ちなみに、当時は巻紙に毛筆で手紙を書いていたため、句読点をつけませんでした。「候」がいわば句読点代わりで、現在でも、とくに儀礼的な手紙や、弔問に対する会葬状などでは、句読点をつけないことが多いようです。

一方、仮名文字が生まれると、初めは貴族や学問僧の間で使われて

## 女性の手紙で「拝啓」「敬具」の

いましたが、やがて女性が手紙を平仮名で書くようになりました。平仮名は、流麗で女性らしい文字から「女手《おんなで》」「女文字」などと呼ばれ、男性の文体と区別されました。

　現在でも、女性の手紙の終わりに「かしこ」と書くのは、そのときの名残です。「かしこ」とは「恐れ多い」という意味の「畏《かしこ》し」の語幹で、「可祝」「かしく」とも書き、「これで失礼します」といった意味になります。

### 女性が使う「頭語」と「結語」

| | 頭語 | 結語 |
|---|---|---|
| 一般的な手紙の場合 | 一筆申し上げます | かしこ |
| 丁寧な手紙の場合 | 謹んで申し上げます | かしこ |
| 略式の手紙の場合 | 前文お許し下さい | かしこ |
| 緊急の手紙の場合 | とり急ぎ申し上げます<br>前略ごめんください | かしこ |
| 面識のない相手への手紙の場合 | 初めてお手紙を差し上げます<br>突然お手紙を差し上げる失礼をお許し下さい | かしこ |

※現在は、とくに仕事関連の手紙では、P.185の頭語・結語が男女の別なく使われています。

# 時候の挨拶

## 慣用句をどう使う？

四季の変化に富んだ日本では、季節に対する感性が磨かれてきました。日本人は季節の移り変わりにとりわけ敏感で、手紙でも四季折々の情景を折り込んだ挨拶で始めるのが、習わしとなっています。

しかし、手紙の冒頭で使われる時候の挨拶は、現在の季節感とは多少、ズレがあります。それは、睦月、如月といった旧暦の月の呼称や、小寒、大寒といった二十四節気にもとづいたものなので、たとえば、猛暑の日が続いていても、八月になれば「晩夏の候」と書いたりします。

また、時候の挨拶で使われている言葉そのものが、現在では、日常的にあまり使われなくなっているものも少なくありません。

たとえば、一月の手紙や年賀状では「頌春《しょうしゅん》」と書くことがあります。この「頌」は「讃える」ということで、「頌春」は「新春を迎えたことを讃える」という意味です。

また、三月の時候の挨拶である「啓蟄《けいちつ》」は、「冬ごもりをしていた虫が、地上に出て活動を始める時期」という意味ですが、現代ではあまりピンと来ないかもしれません。

## 「頌春」「啓蟄」「晩夏の候」…

そのため現在では、手紙以外ではあまり使われなくなった言葉や言い回しが、結構あります。

ですから、こうした慣用句にとらわれることなく、現代ならではの季節感を盛り込むのもいいでしょう。

### 時候の挨拶

| | |
|---|---|
| 1月 | 寒さがいっそう身にしみる昨今ですが、<br>凛とした冷たい空気に、風花が美しく輝くこの頃、 |
| 2月 | 梅のつぼみもほころぶ季節となりましたが、<br>三寒四温の候、体調管理が難しいものですが、 |
| 3月 | 春とはいえまだまだ冷え込む日も少なくありませんが、<br>日ごとに春の訪れを感じるようになりましたが、 |
| 4月 | 花冷えの日が続いておりますが、<br>色とりどりの花が咲きそろう季節となりましたが、 |
| 5月 | 木々の葉が青々と生い茂り、目にもあざやかなこの頃、<br>すがすがしい初夏の風に吹かれ、心はずむ季節となりましたが、 |
| 6月 | 紫陽花が美しく咲く季節となりましたが、<br>降り続く長雨に、日の光が恋しいこの頃ですが、 |
| 7月 | いよいよ夏本番を迎え、うだるような暑さが続きますが、<br>空の青さが夏らしく輝きを増してきましたが、 |
| 8月 | 強い日差しに向かって向日葵が元気に咲いていますが、<br>吹く風にいくぶん涼しさが感じられるようになりましたが、 |
| 9月 | 残暑もやわらぎ、さわやかな秋風が吹くこの頃ですが、<br>ひと雨ごとに涼しくなってまいりましたが、 |
| 10月 | あちらこちらから紅葉便りを耳にするようになりましたが、<br>抜けるような青空のすがすがしい季節ですが、 |
| 11月 | 朝晩の冷え込みが、日ごとにきびしくなってきましたが、<br>降り積もった落ち葉に、過ぎ行く秋を感じますが、 |
| 12月 | 年の瀬も押し迫り、何かと慌ただしい時期ですが、<br>木枯らしが吹き、寒さが身にしみる季節となりましたが、 |

# 年賀状と暑中見舞い

## 遅れた場合は使う言葉が変わる

昔は、年賀のために元日に上司や目上の人などの家々を回り、年賀を受ける側も、酒・肴・雑煮などを用意して、もてなす風習がありました。そして、年賀に行けない人が、年賀の挨拶を手紙に書いて送っていたのが、現在の年賀状の習慣に引き継がれています。

現在、年頭の祝賀は、年賀状だけですませることが多くなっています。この際、「謹啓」「拝啓」といった頭語は不要で、「賀正」「謹賀新年」などで書きだし、年賀の挨拶を述べます。

昨今、年賀状は印刷したものを使うことが多く、挨拶文は定型化していますが、印刷だけでなく、何かひと言でも自筆で書き添えることがポイント。これで形式的な年賀状という印象を避けることができるでしょう。

年賀状で気をつけたいのは、「元旦」の言葉です。元旦とは、「一月一日の朝」という意味です。したがって「一月元旦」と書くのは間違い。「元旦」がついた年賀状は、できれば一月一日の朝に配達されるのが望ましいものです。

もし、出していない人から年賀状が届いたら、すぐに返礼の賀状を

## 送るタイミングが大事で、

出すようにします。

年賀状を送る期間は、元日～三日までがベスト。遅くなっても松の内（七日まで）に。それ以降になる場合は、正式には年賀状ではなく「寒中見舞い」になるので、遅れたお詫びを一言添えましょう。

また、喪中の場合は、年賀欠礼を伝える喪中葉書を送ります。その時期は、相手が年賀状の準備を始める十一月から、遅くても十二月上旬までに出すのが礼儀です。

暑中見舞いは、もともとお盆の贈答の習慣が簡略化されたものです。かつては、お盆に里帰りする際、祖先の霊に捧げるための物品を持参する風習がありました。それが、しだいにお世話になった人全般への贈答の習慣になっていきました。

その際、本来なら直接訪問して届けるのが一般的でしたが、やがて簡略化され、手紙ですませるようになったのが、現在の暑中見舞いです。暑中見舞いは、二十四節気の「小暑」（七月六日ごろ）から「立秋」（八月七日ごろ）にかけて贈るのが通例で、立秋を過ぎたら「残暑見舞い」とします。

ちなみに、お盆の贈答の習慣は、お中元へと受け継がれていきました（↓お中元についてはP.158）。

# 手紙の禁忌言葉

## 手紙の用件によっては
## 使ってはいけない言葉がある

日本は言霊《ことだま》の国であり、言葉の持つ意味に対してとりわけ敏感なため、手紙の中でも忌《い》み言葉を避けてきました。

たとえば、結婚や出産といった慶事の手紙を送る際、結婚に関する手紙では「別れる」「切れる」「去る」「離れる」などといった表現を、出産を祝う手紙では「流れる」などの表現は避けるようにします。

たとえ悪意がなくても、「月日の流れるのは早いもので……」といった表現は避けてきました。祝賀一般の手紙では、「朽ちる」「古い」「乱れる」などと書いたり、新築や開店に関する手紙に「火」「散る」「燃える」「倒れる」などと書いたりするのもタブーです。

また、弔事の際にも忌み言葉があります。たとえば、不幸が重なるという意味で「くれぐれも」「重ね重ね」などの繰り返し言葉や、「また」や「再び」「続いて」など、不幸の再来を連想させる言葉は、注意して書かないようにします。

これは忌み言葉ではありませんが、手紙の文中で、人の名前や地名といった固有名詞は、言葉が割れると縁起が悪いという理由から、単語が二行にまたがるのを避けます。

［知っておきたい礼儀作法］

# 食事の席のしきたり

食事は、おいしく楽しくいただくのが一番ですが、加えて、まわりを不愉快にさせない気づかいも必要です。食事の作法はめんどうなようでいて、実は合理的に、美しく食べられるようにできているので、日頃から意識しておきたいものです。

# 日本料理をいただく①

## 知っておきたい三つの代表的料理

日本料理は食事の作法や形式により、さまざまに分類されます。「本《ほん》膳《ぜん》料理」「懐石《かいせき》料理」「会席《かいせき》料理」「精進《しょうじん》料理」「卓袱《しっぽく》料理」などがありますが、代表的なものは次の三つの料理です。それぞれがどのようなものかはぜひ知っておきましょう。

・本膳料理　日本料理のもっとも正式な供応形式（もてなしの料理）です。献立は二汁五菜、三汁十一菜などがあり、現在も宮中の儀式的な料理で見ることができます。その膳組み、作法などが、現在の食事マナーの基本となっています。

・懐石料理　会席料理と音が同じなので「茶懐石《ちゃかいせき》」ともいいます。僧侶の食事であった懐石料理を茶会向けの軽い食事にしたもので、茶の湯の前に出される簡単な料理です。

・会席料理　格式が高く、複雑な作法がある本膳料理をアレンジしたもので、ひと言でいうなら「本膳料理の略式版」ともいえる料理。今から

## さまざまな形式の料理がある中で、

二〇〇年ほど前の江戸時代に考えられました。なかには、懐石料理の流れを汲むものもあります。

現在でも、冠婚葬祭など一般の宴席では、この会席料理の形が主流です。全コースを食べても費用は手ごろで、時間もそれほどかからず、料理の分量が多いことから、一部は折詰の土産として持ち帰りができるのが特徴です。そうしたことから、会席料理が「宴会料理」ともいわれるようになりました。

なお関西では、関東よりも料理の数が二品ぐらい多くなりますが、分量が少ないので、宴席の場で食べつくし、土産用にはしないのが原則とされてきました。

このほかに、肉や魚介類を使わず野菜、穀類など植物性の材料だけを使った「精進料理」、長崎で発祥し、円卓を囲んでみんなで大皿料理を味わう中国風の「卓袱料理」などがあります。

「精進料理」の「精進」とは、本来は〝仏の教えを奉じて努め励む〟という意味です。そのためには「美食を戒めて素食（植物性食品）を用いること」とされ、禅宗のような戒律の厳しい宗派が、中国から日本に伝えたといわれています。飽食の現代は、体にやさしい健康料理として注目されています。

# 日本料理をいただく②

料理を「食べる」、飲み物を「飲む」ことを「戴《いただ》く」というのは、生命ある自然の恵みや食べ物を生産し、調理してくださった人たちへの感謝の気持ちを込めた謙譲語です。食事を始めるときの「いただきます」は、まさにその感謝の気持ちを込めた言葉です。

この「戴く」の「戴《たい》」という字は、本来は「頭に載せる」という意味です。昔、儀式の日には、人間も神様が召し上がるものを食べることができるため、食べ物を頭や額の上に押し戴いてから食べたことから、「戴く」というようになったといわれています。

それはともかく、日本料理は西洋の料理と違い、四季折々の感覚を大切にして、色合いから盛り付け、食器類にまで気配りをして出されます。料理が出されたら目で楽しみ、舌で楽しむのはもちろん、五感をフルに使って味わいたいものです。そのためには熱い料理は冷めないうちに、冷たいものは生ぬるくならないうちに、おいしくいただくようにします。

## おかずからおかずはNG？

## 煮物類と魚肉類の食べる順番は？

煮物類と魚肉類のいただき方にも順序があります。ご飯をひと口食べたら、まず煮物類を食べ、魚肉類はそのあとで。これは先に食べたものの香りが箸に残らないようにという知恵から出た作法で、煮物類より魚肉類のほうが香りが強いためです。

また、「菜から菜へ」、つまり、おかずの次にまた続けておかずを食べたり、お汁のあとにおかずを食べたりというのはよくないとされています。お汁のあとにご飯、そのあとにおかず……というようにご飯を間にはさむのが、和食のいただき方の基本です。

なお、和食の作法の特徴は、持てる器は持って食べることです。お吸い物やご飯茶碗はもちろん、しょうゆなどのつけ皿、天つゆの器、小鉢なども持って食べます。反対に持たない器は、刺身や天ぷら、焼き魚などが盛ってある平皿や大きい器です。

# 日本料理をいただく③

## まずは割り箸の割り方から

日本料理をいただくときに気をつけたいことの一つが、割り箸の扱い方です。割り箸を割るときは、箸を横に持ち、ひざの上で上下の方向へ広げるようにして静かに割ります。卓上で割ると、食器類にぶつける恐れがありますし、ましてや、箸を縦にして左右にパチンと割ったり、割った箸をこすり合わせたりするのは、絶対「ノー」です。

なお、箸置きがない場合は、箸袋を山形に折るか、結び文の形になるように折って、箸置き代わりに使うことができます。食事がすんだあと、箸先の汚れた部分を箸袋に入れて見えないようにしておくと、使用ずみのサインにもなります。

上品な食べ方のようで、実はやってはいけないことが「手皿」です。器から箸で料理を取って口まで運ぶとき、こぼさないようにと、左手を皿のように添えたりします。これは、上品なしぐさのように思われがちですが、実はタブーです。左手を皿代わりに使うことから「手皿」とい

# 知らずにやっている不作法の典型とは？

いますが、小鉢やつけ汁の器など、つゆが下に垂れそうなものは器を手で持って、口に運ぶのがマナーです。

日本料理に欠かせない刺身には、おいしくいただく順序があります。マグロなど赤身の魚は味が濃いのであとにして、味が淡泊なヒラメ、タイなど白身の魚から先にいただくと、刺身の味をより味わい分けることができます。また、前と違う種類の刺身に移るときは、添えてあるツマをひと口いただくと、口直しの働きで、次にいただく刺身の味が引き立ちます。

天ぷらは揚げたてが格別です。たいてい何品か盛り合わせてあるので、これもほかの料理と同じように、上または手前から盛り付けを崩さないようにしていただきます。かき揚げは箸で一口大に割ってから。大きめの海老などは、かじって食べてもかまいませんが、そのときは、懐紙などで口元を隠すようにすると上品です。ついている大根おろしは、天つゆに一度に入れてしまわず、少量ずつ加えるようにします。なお、天つゆはつけすぎると衣がはがれてしまうので、天ぷらの端の三分の一（一口に入る分量）程度をサッと浸すと、衣のサクサク感を失わないでいただくことができます。

# 箸を上手に使う①

## 正しく持って、美しく使う

「和食の作法は、箸に始まり箸に終わる」というように、箸を上手にきれいに使うことが、和食の作法ではもっとも重要とされています。箸だけを使って食事をするのは、世界でも日本の和食以外にないといわれています。それだけに、箸を美しく使うコツを覚えておきたいものです。

たった二本の棒――、それを使うことで食べ物を「挟《はさ》む」「千切《ちぎ》る」「割《さ》く」「掬《すく》う」などの働きをする箸。それらの機能をうまく果たすためには、正しい箸使いができなければなりません。

正しい箸の持ち方は、まず一本目を人差し指と中指で挟みます（鉛筆を持つときのように）。このとき親指は軽く添える程度。二本目（下になる箸）は親指のつけ根と薬指（第一関節のあたり）で支えるようにします。箸を動かすときは、人差し指を下に動かすと一本目の箸が下へ、中指を動かすと上へ動きます。二本目の薬指で支えたほうは動かしません。これで「ハシ」の機能が発揮できるのです。

# 和食の作法は、箸に始まり箸に終わる

つまり、箸を「ハシ」というのは、鳥の嘴《はし》（くちばし）のように上下に動かして目標物をうまく挟むことができるからだという説があります。美しい箸の持ち方に「くちばし型」という呼び名がついているのもそのためです。くちばし型の箸の持ち方をすれば、箸本来の微妙な動きが箸の先まで伝わるはずです。

それでも、まだ豆などがどうもうまくつまめない場合、箸を持つ位置を見直しましょう。箸を持つ正しい位置は、箸の長さの三分の二くらい上のあたりが適当です。

また、卓上に置かれている箸の取り方にも作法があります。日常では片手だけで取り上げ、手の中で回転させて持ったりしますが、これは無作法の典型なので気をつけて。「箸は三手《さんて》で取る」といわれるように、両手を使い、三段階で取るのが正式です。

まず右手で箸の上のほうを持って取り上げ、胸の高さまで持ってきます。次に、左手を箸の下に添え、右手を箸に沿って上にすべらせ、右下に回します。最後に、左手を離して箸を持ちます。箸を置くときは、この反対の順番です。まず左手を箸の下に添え、右手を上方向にすべらせて上から持ち、左手を離し、右手で持って箸置きに置きます。

# 箸を上手に使う②

## 恥ずかしい箸使い＝「嫌い箸」を知って、わが身を振り返る

箸は日常的に使うものなので、知らずに間違った箸使いが癖になっていることがあります。まず気をつけたいのが「寄せ箸」です。小さな器などを、つい箸で手前に引き寄せてしまうことです。箸は食べ物を口に運ぶものであって、器を運ぶものではありません。

食事中に箸を、茶碗や小鉢など器の上に渡して置く「渡し箸」も、ついやってしまいがちなもの。食事の途中で箸を置くときは、箸置きを使うのが正式な作法です（↓箸置きがない場合はP.198）。

このほかにも「指差し箸」は、箸で人や物を指してしまうこと。「ホラ、あの人の隣にいる男の人」とか「そのお皿」などと、会話に夢中になるとつい「指差し箸」が出たりしますが、これは絶対にタブー。

また、食事中、テーブルにひじをつきがちな人は要注意。テーブルにひじをつくと、どうしても箸先が上向きになります。「箸先は手の甲の位置よりも上に向けるな」。これも箸使いの作法の一つです。

「箸さばきを見れば、その人の育ちや人柄がわかる」と昔からいわれてきました。不作法な箸使いは「嫌い箸」ともいわれるため、避けなければなりません。嫌い箸には七〇種類もあるといいますが、ついやってしまいがちなものをあげておきましょう。

## 嫌い箸の種類

| | |
|---|---|
| 洗い箸 | 汁物や水などで、箸先を洗うこと |
| 移り箸 | 一つのおかずを取りかけたのをやめて、<br>ほかのものに替えること |
| 押し込み箸 | 口にほおばった料理を箸で押し込むようにすること |
| さぐり箸<br>（ほじり箸） | 盛り付けられた料理を、中からほじくり出すこと。<br>料理は上から順に、また手前から順に取っていくのが<br>原則です |
| 刺し箸 | 料理に箸を突き刺して食べること |
| そろえ箸 | 箸先を膳の上や食器の上でトンと叩いてそろえること |
| ちぎり箸 | 箸をナイフとフォークのように<br>両手に１本ずつ持って料理をちぎること |
| 拾い箸 | 箸から箸へ、食べ物を隣の人と受け渡しをすること。<br>葬儀の“お骨拾い”を連想させるので、<br>箸使いの中ではもっとも嫌われる最大のタブーです |
| 惑い（迷い）箸 | どの料理にしようかと、<br>料理の上で箸をあちこちに動かすこと |
| ねぶり箸 | 箸についたものを取ろうとして、<br>箸を口でねぶる（なめる）こと |
| 寄せ箸 | 箸を使って遠くの器を自分の手元に引き寄せること |
| 渡し箸 | 食事の途中、箸を食器の上に渡して置くこと。<br>これは「もういりません」の意味になります |

# お椀をいただく

## 汁を一口飲んでから、実を味わう

日本料理では、コースの途中でお椀やお吸い物が出てきます。

お椀やお吸い物は基本的には蓋《ふた》付きの器で出されるので、冷めないうちにいただくのが何よりのマナーです。ほかにも蓋付きの器で出される料理がありますが、蓋付きということは「冷めないうちにどうぞ」という意味が込められているのです。したがって、蓋付きの料理が出されたら、なるべく早く蓋を取り、熱いうちにいただくようにします。

お椀の蓋を取るときは、お椀のふちに左手を添えてから右手で蓋を取ります。取った蓋はお椀の右側へ仰向けにして置きます。お椀を手に取るときはまず両手で取り、次に左手でお椀の底を支えるようにして持ち、右手で箸を取ります。

このとき、お椀の蓋が開かないということがたまにありますが、これはお椀の蓋が、内側からの圧力で外側に押し付けられているため。ですから、お椀の中へ、外の空気を入れてやればよいわけです。

## 温かいものは温かいうちに

そこで、右手でお椀の蓋を持ち、左手でお椀のふちを包むようにしながら、親指と人差し指に力を入れて押して、蓋とお椀の間にすき間を作ると開きます。

力ずくで無理に開けると、汁がこぼれる恐れがあるので気をつけて。どうしても自分では無理と思ったら、係の人に頼むことです。

お吸い物には、季節を象徴する旬の食材や、その土地特有の具材などが入っています。まず汁を先に吸い、それから実を味わうようにします。ただ、それを味わうのに箸で中身をかき回したりするのは見た目がよくないうえ、不作法になります。また、お椀を支えている左手の親指がお椀の内側へ曲がらないように注意します。親指が中に入っては不潔な印象を与えてしまうからです。

食べ終わったら、蓋を元に戻します。このとき、よく蓋を裏返しにする人がいますが、これは間違い。蓋を裏返しにすると、蓋についている絵柄に傷をつける恐れがあることから、元のままの形で蓋をするのが正解です。

# お酒をいただく

## お銚子の残りの量に気をつける

「酒は飲んでも飲まれるな」と昔からいわれている通り、酒に飲まれて、酔って醜態をさらすのは、あとで自分が後悔するばかりでなく、同席した人にも迷惑をかけてしまいます。その場の雰囲気にとけ込むような楽しいお酒にしたいものです。

まずは、お酌のマナーですが、日本酒を注ぐときは、お銚子の真ん中あたりを右手で持ち、左手を添え、その左手を支えにして注ぐのが正しい作法です。片手で注ぐのは上品な注ぎ方とはいえません。

なお、お酌をする前に、お銚子の残りの量をそれとなく確かめておくこと。まして、注ぐ相手が目上の方や上役というような場合、お酌の途中で盃《さかずき》がいっぱいにならなかった、では失礼です。

受けるほうは、「ありがとうございます」とお礼をいい、盃を右手で持ち、左手を下に添えて受けます。ただし、自分が目上の場合は形式張らずに、「ありがとう」と片手で受けてもいいでしょう。

## お酌をするときは

　また、お酌をきっかけに話し合いたいというので、わざわざ遠くの席までお酌に回る人がいますが、あまりうろうろ動き回ると、目障りになる場合もあるので気をつけたいものです。

「酌」の文字は、「斟酌《しんしゃく》」（他人の意見を汲み取り加減する）という言葉にも使われているように、相手の気持ちを汲み取ることも「酌」なのです。飲めない人への無理強いは避けましょう。

　一方、お酒を飲めない人が断る場合も、「飲めません」と強くいうよりは、「どうも不調法《ぶちょうほう》で……」などとソフトな言い回しをするのが大人の断り方というものです。「もう、これ以上はいただけません」「結構です」という場合は、お猪口《ちょこ》やグラスに指で軽く蓋をするしぐさで示すといいでしょう。

　なお、「このお銚子、空だよ」という意味で、お銚子を畳の脇のほうや卓下に倒しておくのは危険です。お銚子は転がりやすく、足で蹴飛ばしたり、つまずいたりする恐れがあります。空のお銚子はテーブルの隅に立てておく気配りを。

# 洋食をいただく①

## たたみ方、置き方の意味とは？

ナプキンの基本的マナーは、ぜひ身につけておきたいものです。テーブルの上のナプキンは、最初の飲み物が出てから広げる、といわれていますが、ナプキンをいつまでもテーブルの上に置いたままでは、食前酒などを出すことができません。

全員が席について、飲み物のサービスが始まるとき、また、主賓がいる場合は主賓が広げてから、二つ折りにして膝の上に置くといいでしょう。このとき、折り目が手前になるようにします。ナプキンを広げてベルトに挟んだりするのはマナー違反です。

洋食には欠かせないこのナプキンですが、ナプキンが考案されたのは十五世紀ごろのイギリスといわれています。当時の人々は、食事で汚れた指や口をテーブルクロスでふく習慣がありました。おかげでテーブルクロスは食事のたびに汚れて、王家の豪華なテーブルクロスなどは始終洗濯をするため、すぐにボロボロになってしまいました。

## ナプキンはいつどう使う？

そこで機転が利く家来が、王と王妃のため、テーブルクロスの上にもう一枚の小型のテーブルクロスを置き、それで指や口をふいてもらうことにしたといいます。その小さなテーブルクロスがナプキンの原型だといわれています。

なお、ナプキンで口もとや手をふくときは、二つ折りの内側の部分を使います。こうすればナプキンは最後まできれいで、洋服を汚すこともありません。口をふくのに自分のハンカチは使わないこと。「このナプキンは汚れていて使えません」の意味になるからです。

食事中は席を立たないのが原則ですが、途中で席を立つときは、ナプキンは軽くざっくりとたたんで、椅子の上に置くか、椅子の背にかけておきます。これが「中座して戻ってくる」というサインです。きれいにたたんでテーブルの上に置くと、退席したものと見なされてしまうので気をつけましょう。

食事が終わったら、四つ折り程度に軽くたたんで、テーブルの上に置きます。あまり丁寧にたたみすぎるのはタブーとされています。なぜなら、食事のあとでナプキンをきちんとたたむのは、「食事はおいしくありませんでした」の意味になるからだといわれています。

# 洋食をいただく②

## きれいな使い方

洋食のマナーの基本は、ナイフ、フォーク、スプーンを上手に使うことです。このセットは「カトラリー」（cutlery ＝食卓用金物類）と呼ばれています。

テーブル上に並べて置かれたカトラリーは、外側から順に使うのが基本。置かれた配置のままに右手でナイフ、左手でフォークを持ちます（スプーンは一本のみで使います）。このとき、フォークは下向きに持ち、ナイフは人差し指をナイフの柄の背の部分に当てるように持ち、料理を一口ずつ切り分けて食べます。ひじは横に張りすぎないように気をつけます。左手で食べにくいときは、右手にフォークを持ち替えてもかまいません（マナー違反とする見方もありますが、慣れない食べ方で苦労するより、おいしくいただければ、これでOKともいわれています）。

食事の途中でナイフとフォークを置くときは、カタカナの「ハ」の字の形にして、皿にかけて置きます。これは「まだ食べています」という

## ナイフとフォークを使う順番と

サインです。食べ終わったら、ナイフとフォークの柄の端が右斜め下（時計の文字盤の五時の方向）になるようにそろえ、柄の端を皿にかけて置きます。

なお、肉料理をいただくときに、初めから肉をすべて一口サイズに切ってしまうのはタブーです。肉をまとめて切ってしまうと、せっかくの料理が早く冷めますし、肉汁が流れ出して旨味が逃げてしまいます。

肉料理は左手のフォークで肉の左端を刺し、そこからナイフでひと口ずつ切り分け、切ったものから食べるようにします。右端から切って右端から食べるのはマナー違反です。

また、洋食でライスをいただく際、わざわざご飯をフォークの背にのせて食べる人がまだいるようです。このようなフォークの使い方は日本で生まれた習慣で、食べにくいうえ、正式なマナーではありません。フォークは上向きにしてご飯をすくい、右手のナイフで食べやすい形に整えるなどしてから、口に運ぶようにします。

ちなみに、ナイフやフォーク、スプーンなどを落としてしまったときに、自分で拾うのはタブーです。そのような場合は手を小さく上げて、係の人を呼びましょう。

# 洋食をいただく③

## “食べる”のが正しいマナー

日本人は味噌汁を飲む習慣があるので「スープも飲み物」と思いがちですが、洋食では「スープは食べる料理」と考えます。ですから、「ズズーッ」と音をたてて〝飲む〟のは最低のマナー。スプーンで静かに「食べる」ようにいただくのが、基本のマナーです。

スープをいただくとき、皿に左手を添えて、スプーンを手前から向こう側へすくうのがイギリス式。皿の向こう側から手前へがフランス式ですが、日本ではイギリス式が一般的です。スープの量が少なくなってきたら、皿の手前をつまんで持ち上げ、奥のほうへ傾けるとすくいやすくなります。

ちなみに、取っ手がついたブイヨンカップで出される場合がありますが、この場合は取っ手を持って直に口に運んでもOKです。

スープの前にパンが出されることがありますが、パンはスープの途中でいただくのが正しい順序です。パンは一口大にちぎってから、バターを塗るようにします。ちぎらずにかぶりついたりするのは、絶対にやってはいけないことです。

パンをちぎるときは、パン皿の上でちぎるようにすると、パン屑を散らさずにすみます。もしテーブルの上に飛び散ったとしても、それを自分で集めたり、取ったりするのはタブー。そのままにしておけば、あとで係の人がきれいに取り払ってくれます。

なお、パン皿が置かれていない場合、パンはテーブルクロスの左上のあたりにそのまま置いてかまいません。

コース料理の場合は、お腹が空いているからといって、メインディッシュの前にパンを全部食べてしまわないこと。ガツガツしているように思われますし、あとでおいしく料理をいただくために、メインディッシュまで残しておきましょう。

## スープは音をたてずに

なお、飲みきれなかったスープを、パンで拭って食べるのはマナー違反です。スープがすんだら、スプーンはそのままスープの器の上に、伏せないで置いておきます。こうしておくと係の人が音をたてずに下げることができるからです。

# 中華料理をいただく

## 器を持たずに食べること

中華料理は回転する円卓を囲むので、出席者みんなの顔を見ることができて話がはずむ——、それが中華料理をいただく楽しみといわれています。ただし、楽しい中にマナーあり、です。

中華料理と日本料理の大きな違いは、器を持ち上げないこと。中華料理は大皿から取り分けて食べますが、取り分けるとき、または食べるとき、器は卓上に置いたままです。スープを飲むときも器を持たず、ちりれんげですくって飲みます。これが中国式の基本マナーです（ご飯類の器のみ持って食べます）。

料理の皿が遠くにあり、手を伸ばしても届かないようなとき、つい立ち上がって取りたくなるものですが、立ち上がって料理を取るのはマナー違反です。円卓を回して取るようにします。

円卓の上の酢や醤油などを使うときも、同様に回して取りますが、使ったらまた円卓の上へ戻します。うっかり自分の前に置いたまま、という

## 日本料理の作法との大きな違いは

のはほかの人に迷惑になるので気をつけましょう。

中国料理をいただく円卓にも上座、下座があります。和室などと同じく入り口に近い席は下座、入り口から一番奥、部屋の正面に絵などがかかっているような所が上座で主賓席になります。

円卓上に大皿で運ばれてきた料理は、上座の主賓から取り始め、テーブルを回して順に取り分けます。テーブルは状況に応じて右回り左回りは自由ですが、本場の中国同様、時計回りにするのが一般的です。

当然のことながら、最初の料理を取るのは上座の主賓からです。また、最初に出された料理だけは全員が取り終えるのを待ち、主賓が箸をつけてから食べ始めるようにします。二品目からは、自分の前に回ってきたら取り分けて食べ始めてよいとされていますが、自分より上座の人が箸をつけるのを待ってから食べるという気配りがほしいものです。

なお、メニューを見て注文する場合、中国語のメニューにとまどうことがありますが、漢字を見ればどんな料理か見当がつきます。たとえば「炸《チャー》」は油で揚げた料理。「炒《チャオ》」は油でいためた料理。「湯《タン》」はスープなど。料理を単品で注文するときは、素材や調理法が同じものに偏らないよう注意したほうが、バラエティに富んだ中華料理を楽しめます。

# 中華料理の席でのタブー

## 周りの人への気配りを

円卓を回すときに注意したいこと――、それはほかの人が料理を取り分けているとき、確認しないで回してしまうことです。

自分の番がきたら、全員の配分を考えて取り分けます。自分の好みの料理だからといって、多めに取りすぎるのは避けること。また、取り皿は、一つの料理に一枚の皿を使うのが基本です。一つの皿に何種類もの料理をのせるのはタブー。これではせっかくの料理の味が混ざってしまいます。取り皿が足りなくなったら、遠慮せずに替えを持ってきてもらいましょう。

取り分けづらい料理の場合、時間をかけすぎるのもタブーです。適当なところでやめて、次の人に回しましょう。お代わりは自由なので、全員が取り分けてから、また取ればいいのです。

気をつけたいのは、大皿から取り分けるためのサーバーや取り箸を、回転台からはみ出して置かないようにすること。円卓の回転の際に、はみ出したサーバーが周りのグラスなどを倒す恐れがあるからです。そのために、自分のグラスを円卓に近づけず、取り皿の脇に置くように気配りすることも必要です。

## 円卓を回すとき、料理を取り分けるときは

また、汁そばを食べるとき、ズルズルと音をたてるのはタブーです。そばの器は手に持たずに食べますが、左手にちりれんげを持ち、箸で麺を一口分すくってちりれんげに一度のせて、それから口に運ぶようにします。こうすれば音をたてないで麺を食べられます。

ちりれんげの持ち方は、洋食のスプーンのように持つのはNG。ちりれんげの正しい持ち方は、柄の部分のくぼみに人差し指を当て、親指と中指でつまむようにして持ちます。

なお、この中華風スプーン「ちりれんげ」は、漢字で書くと「散蓮華《ちりれんげ》」。その形がひとひらの散り落ちた蓮華（蓮《はす》の花）に似ていることに由来します。

大きめのシュウマイ、春巻などに、そのままかぶりつくのは見苦しいもの。シュウマイは、箸で一口大の大きさに割ってから食べます。春巻はそのまま箸で口に運んでもよいともいいますが、できればやはり取り皿の上で、箸で一口大に割ってから、というのがきれいな食べ方です。はみ出した具は箸で拾って食べます。餃子も同じです。

# デザートをいただく

## ケーキやフルーツのいただき方

デザートも、ホームパーティのような気軽な集まりなら、それほど細かいことは気にしなくてもよいのですが、正式な洋食の席では、やはりナイフとフォークでスマートにいただきたいものです。

ショートケーキなどのケーキ類は、まず周りのセロファンをフォークの刃ではさみ、そのまま巻き取ります。それをケーキの向こう側の皿の上に置き、左手で押さえてフォークを抜き取ります。そして、上にのっているフルーツなどから食べ、ケーキ本体は左端からナイフで一口大に切って食べます。

ケーキの中でも、パイ生地が何層にも重なっているミルフィーユは、そのままでは切り分けづらいものです。まず、ナイフとフォークで支えながら手前にゆっくりと倒し、その状態で左端から一口大に切り分けながら食べていきます。

デザートで一般的なのはメロンですが、一口ずつ切れている場合は、

# 最後まで上品に食事を終わらせる

メロンの左端から順にフォークでいただきます。

切り込みが入っていない場合は、フォークで左端を押さえ、右端から左方向へ皮と実をはがすようにナイフを入れます。この場合、入れやすいところで止めます。次にメロンを皿の上で半回転させ、左側の実をはがした部分から一口大に切って食べます。ナイフを入れたところまできたら、また右側からナイフを入れて、最後まで食べます。

食べ終わったら、食べたほうの部分を手前にして倒しておくのが上品なマナーです。

ブドウは手で皮をむいて食べますが、種は手でこぶしを作り、その中へ出してから皮の下に隠すようにして小皿の脇に置きます。

フルーツが出されるのと同時に、またはそのあとにフィンガーボウルが出されたときは、片手ずつ指先を洗い、ナプキンで軽くふきます。

デザートにアイスクリームが出た場合、フィンガービスケットやウエハースにアイスクリームをのせて食べるのは間違いです。ウエハース類は冷えた舌の感覚を直すためのもの。アイスとは別に食べるために添えられています。

# 立食パーティに参加する①

## いろいろな人と楽しい交流を

立食パーティは、多くの人と自由に歓談できて、堅苦しいマナーなどはないように思われます。しかし、それぞれの会の趣旨があり、多くの人との出会いの中で、食事やお酒をいただくのですから、基本的なマナーは身につけておきたいものです。

会場に着いたら、まず受付をすませます。会費制の場合には、おつりの必要がないように、前もってちょうどの金額を用意しておくぐらいの心配りを。

立食パーティは、いろいろな人と楽しい交流の時を過ごすことができる情報交換の場でもあります。名刺があれば忘れずに持って行きましょう（会社関係のパーティなどでは、受付の際に名刺を求められることも多いので）。

立食パーティで歓談するときは、左手にグラスを持ち、右手は身ぶりや握手のためにあけておくのがベスト。グラスの高さは自分の胸の位置

## 上品にグラスを持って

です。こうするとスマートな感じを与えます。

グラスを持つときは、グラスの半分から下の部分に、紙ナプキンを巻くといいでしょう。こうすると、グラスの水滴がたれたり、手が濡れたり、手が冷えたりするのを防げます。また、冷たい飲み物が手の熱で温まることがありません。

テーブルにグラスを置くときは、紙ナプキンを二つ折りにしてグラスの下に敷くと、自分の飲み物という目印にもなります。ちなみにアメリカでは、紙ナプキンは「日本人の考案」と報告されています。日本人の繊細な心配りが生んだ発明品といえそうです。

立食では、皿とグラスを一緒に持つようなケースがありますが、このときの持ち方にはちょっとしたコツがいります。

まず、皿は左手の人差し指と中指の間、そして親指とでしっかり持ちます。飲み物のグラスは、皿の上に出ている親指と人差し指で挟むようにして皿の端に置きます。慣れないときは無理をせず、皿はサイドテーブルに置くといいでしょう。

とくに、特別な話をしたいような相手のときは、料理の皿は手にしないで、グラスだけのほうがベターです。

# 立食パーティに参加する②

立食パーティでは、自分で料理を取り分けるビュッフェスタイルが一般的で、料理はメインテーブルにフルコースと同じような順番で並んでいます。オードブル、スープ、メイン料理（魚・肉など）、サラダ、デザートというような流れです。

## 食べきれる分だけ取り分ける

料理はその流れに沿って取るようにします。自分が食べたいものを先に取ろうとして流れに逆らったり、いきなりデザートに行ったり、というのは好ましくありません。また、取り分けるときに使う皿は、一度に一枚が原則。二枚の皿にあれもこれもはマナー違反です。

料理を取り分けるときは、取り分け用のサーバーを使いますが、左手に取り皿を持ったままでうまくサーバーが使えないときは、無理をせずに取り皿をテーブルの上に置いてから、両手でサーバーを使うようにします。また、一皿に冷たい料理と温かい料理を一緒に盛らないように気をつけます。

## 料理はフルコースの順番に、

料理を取り終えたら、後ろで待っている人のじゃまにならないよう、すみやかにメインテーブルから離れます。

ふつうですと、最後にデザートとコーヒーへという順序になりますが、コーヒー、紅茶は、料理の場合と同様、ほかの人のじゃまにならないところで立って飲みます。このとき、カップはソーサーごと手に持つのがマナーです。

立食の場合、自由に飲んだり食べたりできるので、つい、そちらのほうへ目が向きがちですが、飲食だけが中心にならないように気をつけます。すぐに次の料理が取れるよう、テーブルの近くで立ち止まり、挨拶やおしゃべりをしている人を見かけますが、これはもちろんNG。

また、食べ終わったあとの汚れた皿を、メインテーブルに置くのもNG。食べ終わった皿はサイドテーブルに置いておくと、係の人が下げてくれます。食べ残した場合は、紙ナプキンをかけておくと「食べ終わり」のサインになります。ただし、料理を山盛りにとったり、それを全部食べきれずに残したりするのは、バイキング形式では最低のマナーなので気をつけて。

# 箸の由来

## 古代の箸は、神へのお供え物を移動させるための特別なものだった

箸を使うようになったのは古代中国だといわれていますが、日本でもすでに『古事記』の中で箸を使う話が出てくることから、今から一三〇〇年あまり前には使われていたと思われます。

ただ、古代の箸は、今のような二本の棒状ではなく、一本の細く削った竹をたわめてピンセットのような形にしたもので、それで食べ物を挟んでいたようです。このとき、竹の端と端を向かい合わせることから、「端」が「箸」になったという説があります。

わが国では古代の箸は、主に神へのお供え物を移動させるためのものでした。後に、日常の食事に用いられるようになったほか、儀式や行事には特別な箸が使われるようになり、宮廷行事には竹の箸、節句などには柳の箸、月見の宴には萩の箸が使われるようになりました。

江戸の末期ごろに杉の割り箸が現れ、大正時代に入ると、他人が一度使った箸は二度と使わないという意味の「衛生割り箸」の名前で割り箸が広く普及するようになり、現在に至っています。

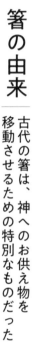

［知っておきたい礼儀作法］

# 祝い事のしきたり

子どもが成長していく過程での儀式や長寿のお祝いなど、
日本人は年齢に応じた人生の節目、節目を大切にしてきました。
そこに込められた意味をもう一度見直し、
人生をさらに豊かなものに――。

# 出産祝いをする

## 気をつけたいこと

出産の知らせを聞いたら、まずは祝電やカードなどで、すぐにお祝いの気持ちを伝えたいものです。

ただし、近親者ならともかく、すぐにお見舞いに行くのは遠慮します。直接訪ねるのは床上げ（産後二十一日）のあと、退院一カ月以内のころが適当です。その際にも、なるべく早めに引き上げるようにします。産婦は出産という大役を果たして、産後の疲れが残っていますし、赤ちゃん中心の生活になり、夜中の授乳などで、睡眠不足が続いているものだからです。

お祝いの品を贈る場合は、生後七日から生後一カ月くらいの間に、デパートなどから配送してもらうのがよいでしょう。もっとも、親しい間柄でしたら、事前に希望のものを聞いてから選ぶのもよい方法。ベビー用品などはすでに用意してあったり、いただきものがあったりするので、重複しないためにも、希望を聞くようにしたいものです。

ベビー服といえば、今も昔も白が主流のようで、平安時代の上流社会でも、産着《うぶぎ》の色は白（または空色）でした。赤ん坊の生命は、まだ霊界と人間界の中間にあると信じられていたからです。その後、「色直し」といって、色のある衣服を着せることにより、人の仲間入りができると考えられていました。

## お祝いを贈る、訪ねる場合に

　なお、出産祝いにうかがった際に気をつけたいのは、赤ちゃんの性別などについて話題にすることです。「男の子でよかったね」とか、「一姫二太郎だから、次は……」とか、「跡取り息子ができて安心」「せめて子どもは二人ぐらいはほしいもの……」というようなことは、出産したばかりの母親にとっては、かえって負担に感じることもあるので注意したいものです。

　お祝いとしては商品券を贈るのもよいように思われますが、生まれて間もない赤ちゃんを連れてデパートなどへ買い物というのも大変な場合があります。こんなときは、やはり現金がよいようです。

# 内祝いをする

## そもそも内祝いとは身内の喜びを分かち合うものだった

古来、日本の贈答のしきたりには、贈る範囲によって「公的な祝い」と「内祝い」があり、親戚・知人などごく親しい範囲内で祝いの品を贈ることを「内祝い」と呼んできました。つまり、内祝いとは身内でめでたいことがあった喜びを、贈り物という形でみんなに分け与えたものでした。

現在では、出産祝いのほか、結婚、新築などの慶事でお祝いをいただいたお返しとして、お礼の品を贈ることを一般的に「内祝い」と呼んでいます。

内祝いの品物は、以前はめでたさのシンボルとして、紅白の餅や長期保存できるかつお節など、いわゆる祝儀用品といわれるものでした。今はタオルやハンカチのセット、石けん、ちょっとおしゃれな砂糖の詰め合わせなど、すぐに使える実用品が一般的です。

お返しの金額の目安は、お祝いの三分の一程度といわれていますが、いただいた金額にこだわらず、すべて一律の品物にしてもよいでしょう。お返しの表書きは「内祝」として、出産の場合であれば、名前のお披露目の意味もあるので、赤ちゃんの名前を書きます。贈る時期は出産後一カ月、お宮参りがすんだあとにします。

# 成人式のお祝いをする

## 大人の仲間入りをする「元服の儀」が現在の「成人の日」に

日本では、古くから男子が大人の仲間入りをする通過儀礼が行われており、奈良時代以後は「元服《げんぷく》」と呼ばれていました。元服の「元」は首、「服」は着用するという意味で、宮廷や貴族たちの社会では十三歳から十五歳くらいになると、元服して髪型を成人のものに変え、冠をかぶり、着るものも成人の服装に変えたのです。

現在は、男女とも十八歳になると成人と認められます。一月十五日を「成人の日」として国民の祝日にしたのは一九四八年から。旧暦のこの日に「元服の儀」を行っていたことから、「成人の日」になりましたが、今は一月の第二月曜日に変わっています。

成人式の祝い方としては、成人の日に各地の自治体などで新成人の門出を祝う行事が行われます。これとは別に、家族や親戚で祝いの席を設け、お祝いをすることが多いでしょう。祝い方にこうしなければならないという形式はありませんが、あらかじめレストランなどを予約しておいたり、また、本人の幼児のころのアルバムなどを用意したりして話に花を咲かせるのも記念になります。

# 人生の転機のお祝い

## 気をつけたいこと、喜ばれるお祝いとは？

◎進学祝い　幼稚園への入園や小学校への入学のお祝いは、身内の祝い事ですから、お祝いの品は祖父母や親戚、また、日ごろから家族ぐるみのお付き合いをしている間柄に限られます。ただし、自分の子どもが入園、入学祝いをもらっているような場合には、忘れることなく必ず贈るようにします。お祝いの品としては、入園・入学時には、新しくそろえるものがいろいろあるので、先方の希望を聞いて、すでにそろえたものと重ならないようにしましょう。

中学・高校への入学になると、本人の好みや趣味がはっきりしてくるので、何が欲しいか聞いたほうが喜ばれます。とくにリクエストがなければ、本人が好きなものを選べるようなギフト券、図書カードなどを贈るのがよいでしょう。

また、入園・入学祝いのお返しは、身内でのお祝いなので必要ないとされています。ただし、お礼の言葉を親からはもちろん、子どもからも直接述べさせるようにしたいものです。

◎就職祝い　社会への第一歩の記念として、ホテルやレストランで本格的なテーブルマナーなどを経験させてあげるという祝い方もあります。就職祝いも身内の祝いですから、祝う範囲は入学祝いと同様、親しい親戚などに限るのが一般的です。

贈り物には、社会人としてすぐに役立つ、ネクタイ、名刺入れなどがありますが、好みもあるので、本人に確かめてから贈るのが無難でしょう。なお、就職祝いもお返しの必要はありませんが、本人からお礼の気持ちを伝えるのが礼儀です。

◎栄転や昇進の祝い　相手の状況などによって対処の仕方に気をつけます。たとえば、知人・同僚が昇進した場合、喜ばしいことではありますが、昇進が遅れて気落ちしている人もいるはずですから、お祝いはあまり派手にしないほうが無難。親しい仲間だけの集まりにするというような配慮が必要になります。

明らかな栄転の場合は職場が替わるので、会社の慣例に従って送別会、餞別《せんべつ》・贈り物などをするようにします。ただし、周りからは栄転に見えても、実は左遷《させん》だったということもあるので注意したいところです。個人的にとくに親しい場合は、一万円くらいの餞別を渡してもいいでしょう。表書きには「御餞別」のほかに、何かひと言メッセージを。餞別や贈り物をいただいたほうは、着任後、新しい任地から必ずお礼状を出したいもの。また、挨拶を兼ねてその土地の名産品を贈るのもよいでしょう。

# 地鎮祭・棟上式

## 新しく家を建てる際、土地の神霊を鎮め、感謝を捧げるために行う儀式

日本では古くから、家を建てたり、土木工事をしたりする前に、その土地のケガレを清め払い、土地に宿る神霊を鎮める目的で、「地《じ》鎮祭《ちんさい》」を行っています。建設予定地の一部の四隅に青竹を立て、しめ縄を巡らせ、中央に砂を盛り、その前に祭壇を設けてお神酒《みき》や米などを供えます。そして神主が祝《のり》詞《と》をあげ、参列者にお祓いをし、お神酒を盛り砂の上にかけ、続いて施工主が盛り土に鍬《くわ》入れをします。最後に施工主や家族・建築関係者が神霊に玉串を供えて地鎮祭の儀式を終え、その後は祝宴となるのが通例です。

家の骨組みができあがって、いよいよ柱や梁《はり》の上に棟木《むなぎ》を上げる際には、「棟上式《むねあげしき》」（上棟式《じょうとうしき》ともいう）を行います。玄関や廊下などに簡単な祭壇を作り、酒や米などを盛った皿を用意し、幣串《へいぐし》と呼ばれる魔除けの飾りを棟木の支柱にしばりつけ、飾っておきます。

棟上式は、建築が完成間近まで進んだことを土地の神霊に報告して、感謝するための儀式です。最近では神主を招かずに、大工の棟《とう》梁《りょう》が中心となって行うことがほとんどです。式後は現場ににわか誂《あつら》えの机を作り、酒宴を催すのが一般的です。

# 新築祝いをする

## 招待される側は、相手の趣味に合ったお祝いの品を用意する心づかいを

家を新築したり、マンションを購入したりしたような場合、家具なども整って一段落したら、親しい人たちを招待して披露するのが一般的なしきたりです。

新築披露の招待を受けたら、どのようなお祝いをしたら喜んでもらえるかを考えます。よく選ばれるのはインテリア用品ですが、すでに購入しているものもありますから、必ず〝希望の品の確認〟をすること。それが相手の趣味に合っていることも大切なので、掛け時計であれば、大きさ、色調、デザインなどを聞くといった心づかいが必要です。通常は招待された当日に持って行きますが、かさばるものや重いものは当日までに届くように手配しておきます。また、カタログを持参して、あとで選んでもらう方法もあります。

お客様を招待し、新築の住まいを見てもらう側としては、明るい時間帯を選び、軽い食事などをふるまってもてなすことでお返しになります。お祝いをもらったのに招待できなかった人に対しては、お祝いの三分の一から半額程度の品を、礼状を添えてお返しします。

# 引っ越し祝いをする

## 気をつけて、品選びを

引っ越し・新築祝いを贈るときに気をつけたいのは、古くからタブーとされている品物があることです。

ひとつは「火」にかかわるもので、たとえば灰皿やライター、ストーブなどの暖房器具。それらのものが「火」から「火事」を連想させるというのが理由です。

また、鏡は「人を跳ね返す」ので贈らないほうがよいなどともいいます。いずれも理由は迷信に近いものですが、世間的にマイナスイメージがあるものは避けたほうがよいでしょう。

引っ越した先が庭付きの一軒家の場合、お祝いに植木の苗を贈ると、記念樹としていつまでも記憶に残る贈り物になるといいます。ただし、相手の好みや庭の状況もありますので、一方的に贈らないようにしたいものです。

贈るにしても、椿《つばき》や紫陽花《あじさい》、ビワなどはタブーとされています。椿は花そのものがポトリと落ちるので縁起がよくない、紫陽花は色が変わるので心変わりを連想させる、ビワは葉が大きく茂って日陰を作るため、土地が湿気を帯びて病人が出るという風説によるものです。

# 縁起のよい贈り物・悪い贈り物に

縁起のよい植物としては、「難を転じてくれる」という植物のナンテンをはじめ、ユズリハ、マンサクなどがいいとされています。

・ユズリハ

庭木にすると、新葉と旧葉の入れ代わる様子がはっきりわかり、親から子へ財産を譲るのもうまくいく象徴とされ、正月のめでたい飾りにも利用されています。

・マンサク

早春に先がけて〝まず咲く〟ところから「まんさく」と呼ばれるようになったといわれています。花弁の形が農家の人々の豊年満作踊りの姿に似ているところから、「満作」の名がついたともいわれ、めでたい花とされています。

# 祝賀パーティをする

## パーティを仕切る側、招待される側、それぞれの会の盛り上げ方

何かの受賞、会社の行事、還暦の祝いなどの喜び事があったとき、お祝いの会や祝賀パーティが開かれることがあります。それらの会やパーティは、世話人や幹事が選ばれて進めるのが一般的。その役目を依頼されたときには、まず、どんな形の会やパーティにするのか、主役になる人の意向を聞いて準備を進めます。

招待客の人数、会場、その予約、費用などを算出。パーティの進め方、当日の受付、司会を誰にするのか、また、引き出物、主役への記念品をどうするかなど、スタッフを編成して念入りな打ち合わせが必要です。

招待された側は、男性の場合、服装はダークスーツにネクタイが基本。女性は上品なスーツかワンピース、アクセサリーなどを上手に使って、いつもより華やかさを演出するのもよいでしょう。

最近は立食パーティが多くなっていますが、着席してのパーティと違い、あまり厳格なマナーはありません（↓立食パーティについてはP.220）。ただし、パーティの趣旨だけは心しておき、会場内で、またはお開きのときに、主役への挨拶、お祝いの言葉を忘れずに。

# 退職・退官のお祝いをする

## 記念品や花束で、長年お世話になった感謝の気持ちを形に

定年退職は人生の大きな区切りで、新しい人生への門出ともいえます。本人としては一抹のさびしさや不本意な思いが伴う場合もあるでしょうが、いずれにせよ、無事に定年まで勤めあげたことに対して労をねぎらい、何らかのお祝いをしてあげたいものです。

会社、部署ごとに送別会を開いて記念品を贈るという慣例があるようでしたら、それに従います。このとき、記念品や花束を贈るように手配します。記念品は退職後のことを考えて役立ちそうなものを、職場の仲間たちと話し合って選ぶとよいでしょう。

定年退職する人に特別お世話になっていた場合は、個人としてのお祝いを考えます。相手の趣味に合ったものなどが喜ばれます。

なお、送別会や記念品についてのお返しは必要ありませんが、お礼状は出すようにします。

自分の親が定年退職したときは、「長い間お疲れさまでした」というねぎらいの言葉が何より。家族一同がお金を出し合って、温泉旅行などのプレゼントをし、感謝の気持ちを表すのもいいものです。

# 長寿祝いをする

## 「古希」あたりから盛大にしても

長寿の祝いは、もともとは中国から伝わった風習で、平安時代の貴族の間で行われるようになったものです。当時は短命だったので、四〇歳で「初老の賀」、五〇歳で「五十《いそじ》の賀」（いずれも数え年）というように、一〇年ごとに「賀の祝い」をしました。室町時代の末に「還《かん》暦《れき》」「古希《こき》」など、現在も行われている長寿祝いが定着し、江戸時代には庶民の間でも盛んに行われるようになりました。

六一歳（満六〇歳）は、十干十二支《じっかんじゅうにし》が六〇年で一巡し、生まれ年の干支《えと》に還《かえ》ることから「還暦」といいます。赤ん坊に還ったということで、赤い頭巾《ずきん》、赤いちゃんちゃんこ、赤い座布団などを贈る風習がありました。もともと、この赤い着物を着るという風習は、まだ村社会において村仕事を共同で行っていたころ、還暦になると村仕事から解放され、「隠居」となることを示すための服装制度だったともいわれています。

現在の六〇歳は老人と呼ぶにはそぐわなくなっていますので、大げさな還暦祝いや、赤ずくめの祝い着などは敬遠されがちです。六〇歳を迎えてのちょっと盛大な誕生祝いというような傾向になってきてお

## 今どきの「還暦」は簡単に、

り、本格的な長寿祝いは「古希」と呼ばれる七〇歳のお祝いあたりから、というのが一般的なようです。

### 年齢ごとの長寿のお祝い

| | |
|---|---|
| 古希《こき》<br>（七〇歳） | 中国・唐の時代の詩人、杜甫の詩「人生七十古来稀《こらいまれ》なり」による。お祝いには紫色のものを贈る習わしがある。 |
| 喜寿《きじゅ》<br>（七七歳） | 喜の草書体の略字が七を重ねて見えるから。<br>贈り物は紫色のものなどがよいとされる。 |
| 傘寿《さんじゅ》<br>（八〇歳） | 傘の略字が八十と読めるから。黄色や金茶色が象徴色なので、金糸の刺繍の入ったものなどを贈ったりする。 |
| 半寿《はんじゅ》<br>（八一歳） | 半の字が八十一から成り立っているから。将棋盤のマスが 81 マスあることから、「盤寿」とも呼ばれる。 |
| 米寿《べいじゅ》<br>（八八歳） | 米の字が八十八から成り立っているから。「米《よね》の祝い」ともいい、稲穂を連想させる金色のものなどを贈る。 |
| 卒寿《そつじゅ》<br>（九〇歳） | 卒の俗字が九と十と書くことから。<br>お祝いには白色を基調としたものを贈る習わしがある。 |
| 白寿《はくじゅ》<br>（九九歳） | 百の字から一を取ると「白」になるから。最近の白寿のお祝いでは白いちゃんちゃんこを贈る場合も。 |
| 上寿《じょうじゅ》<br>（百歳） | 人の寿命を上（百歳）、中（八〇歳）、下（六〇歳）に分けると、上がもっとも長寿であるという意味から。 |
| 茶寿《ちゃじゅ》<br>（百八歳） | 茶の字が十が二つと八十八から成り立っていることから。<br>その名にちなんで、お茶を贈る場合もある。 |
| 皇寿《こうじゅ》<br>（百十一歳） | 皇の字が、百から一を取った白と、<br>十と二から成り立っていることから。 |

# 長寿祝いの贈り物

## 年寄りくさいものは避けておしゃれなものや趣味のものを

長寿祝いに贈り物をする場合、杖、ルーペ（拡大鏡）、補聴器のような、いわゆる「年寄りくさい」と思われるようなものは避けたいものです。それよりも少し派手めのスポーツシャツとか、セーター、マフラーなど、ちょっと若向きのおしゃれな衣類、また、相手の趣味などがわかっていれば、それに役立つ品物などを選ぶといいでしょう。

お祝いの品は、誕生日の一週間前から誕生日までに届くよう、宅配便の配達日指定を利用すると便利です。

長寿祝いをいただいた側は、お返しをします。伝統的には赤飯、紅白餅、祝い菓子、風呂敷などがお返しの品とされていましたが、現在では、これにこだわらず、老舗の菓子や詰め合わせ食品などを選ぶのもいいでしょう。

表書きには贈答の目的を、この場合は「御礼」または「内祝」とし、お礼状とともに送ります。

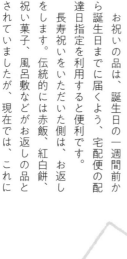

［知っておきたい礼儀作法］

# 結婚・婚礼のしきたり

昔の結婚は当人同士より、
家と家の結びつきに重きが置かれていました。
結婚や婚姻のしきたりには、そのためのものが
多くありますが、それに倣うかどうかを
当人同士が決めることで、末永く幸せに——。

# 招待状が届いたら

披露宴の招待状をもらったら、出席・欠席にかかわらず、返事は遅くなりすぎないこと。なるべくなら一週間以内には返信葉書を投函します。先方では返信がすべて集まったところで、出席者の席次を決めたり、料理、引き出物の手配などが可能になったりするため、返信が遅れると迷惑をかけることにもなります。

なお、電話やメールで返事をしたから、葉書は出さなくてもよいというのは間違い。相手もいろいろな準備で忙しく、うっかり忘れてしまうこともあるからです。

返信用の葉書は、表書きの宛名の「行」「宛」を二本線で消し、左横に「様」と書き換えます。裏の「御出席」「御欠席」は、どちらかを丸で囲み、不要なほうと「御」の字は二本線で消します。もしくは不要なほうだけを二本線で消し、「御」の字のほうはその上に、赤い筆ペンなどで「寿」と記してお祝いの気持ちを表してもよいでしょう。筆記用具は、細すぎるボールペンよりは太めのもの、できれば万年筆や毛筆風の筆ペンなどを利用したほうが慶事にはふさわしいものです。

## やむを得ず欠席するときは…

返信葉書の余白の部分には、必ずお祝いの言葉を書き添えるようにします。欠席

## 返信葉書はなるべく早く送ること

の場合は、お祝いの言葉に加えて、おわびの言葉と、欠席の簡単な理由を書きますが、その理由が身内の不幸・病気などの場合は「やむを得ない事情により……」などと濁しておくのが無難です。

　また、欠席の場合は祝電を利用して、お祝いの気持ちを伝えることもできます。宛先は披露宴会場で、宛名は本人の名前（新婦に送る場合は旧姓）。式当日の三時間ぐらい前には届くようにします。

　電文は、NTTがあらかじめ用意している文例集の中から選ぶこともできますが、定型文では親しい友人にちょっとよそよそしいかな？　と思うときは、アレンジを加えたり、初めからオリジナルの電文を作ったりするとよいでしょう。友人らしい祝福の気持ちとユーモラスなエピソードなどがあれば、手短に、節度を守った電文にまとめます。

### 招待状への返信の書き方

御住所
東京都中野区〇〇〇
御芳名
河田　太郎
切手
東京都新宿区〇〇〇〇〇
若松　花子　行
様

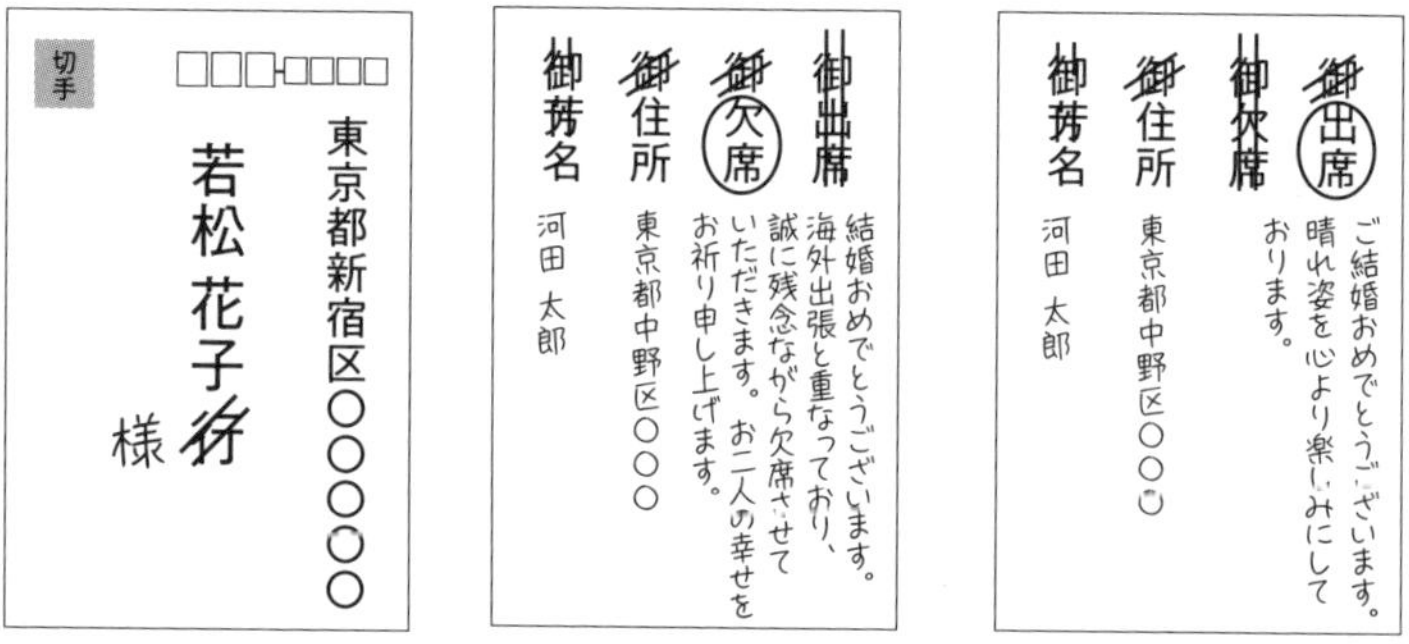

ご結婚おめでとうございます。
晴れ姿を心より楽しみにしております。
出席
御欠席
御住所
東京都中野区〇〇〇
御芳名
河田　太郎
結婚おめでとうございます。
海外出張と重なっており、誠に残念ながら欠席させていただきます。お二人の幸せをお祈り申し上げます。
御出席

# 男性の服装

## 失礼のない服装を

招待されたときの服装の基本は、まず、その披露宴にふさわしいかどうかです。

結婚式・披露宴の場合、男性の正式な礼装は、昼はモーニング、夜は燕尾服《えんびふく》か、その略装であるタキシードです。ただし、これらは近親者や主賓クラスが着るもので、一般の招待客として出席するような場合には、略礼装でよいとされています。

略礼装は昼夜を問わず、ブラックスーツかダークスーツが一般的。上着はシングルでもダブルでもかまいませんが、シングルの場合はグレー、または上着と共布のベストを着用します。シャツは白、ネクタイは白、または白と黒の斜め縞、またはシルバーグレーで、白いポケットチーフを飾るとよいでしょう。

ただし、フォーマル度が高いブラックスーツは、上司や目上の招待客が着用する可能性が高いため、同僚や友人といった立場であれば、ダークスーツを選ぶという方法もあります。

## 披露宴の格式や自分の立場に合った

「平服で」と指定された場合は、「服装にお気づかいなく気楽に出席してほしい」という先方の配慮です。「普段着」の意味ではないので注意を。このようなときは、紺やグレーなど無地のダークスーツにネクタイを。ただし、ネクタイはカジュアルなものより、華やかな感じのするネクタイを選び祝福の気持ちを表したいものです。披露宴のネクタイというと、すぐに「白」と決めてしまいがちですが、シルバーグレーや白黒の縞で慶事にふさわしいオシャレを楽しんでみるのもいいでしょう。

また、格調高い披露宴で「ブラックタイ着用」とあるような場合には、タキシードにブラックタイ、つまり蝶ネクタイ着用ということになります。

いずれにしろ、招待される側として大切なことは、披露宴の格式に合わせて、両家の親族や目上の招待客に失礼のないような礼装であることです。

# 女性の服装

## それぞれのマナーを心得ておく

招待される側のマナーの基本は、新郎新婦の晴れの場にふさわしい装いであること、和装・洋装にかかわらず、新婦よりは格を下げた装いであることです。

披露宴の主役はもちろん花嫁ですから、洋装で出席する場合、白い色は部分的なら問題ありませんが、上から下まで白一色の装いは避けること。白はウエディングのシンボルカラー、花嫁さんだけに許された色なのです。

服装は、披露宴の会場となる格式、雰囲気、時間などによって違ってきます。ホテルなどの披露宴に出席する場合は、昼ならインフォーマルドレス、夕方から夜にかけてはイブニングドレスかカクテルドレスにします。注意したいのは、挙式から披露宴にそのまま出席するような場合。神前の挙式や教会の式において、胸元や肩、背中があらわなドレスはマナー違反です。列席する身内の方たちの目もありますから、この場ではショールなどを用意しておき、肌を隠すようにします。

## 洋装の場合、和装の場合、

和風の礼装の場合は、未婚か既婚かによって着るものが違います。豪華で格式の高い披露宴なら、未婚女性は振袖、既婚女性は留袖。また、既婚、未婚を問わず幅広く着られるのが訪問着です。

なお、華やかな振袖は未婚女性の第一礼装ですが、花嫁がお色直しで袖丈の長い大振袖を着る場合もあります。招待客は花嫁のように豪華にならぬよう、一段格下の中振袖を着るくらいの気配りを。

花嫁とは親友なので華やかさで祝ってあげたいからと、すでにミセスなのに振袖で出席というのはマナー違反です。振袖はあくまでも未婚女性の正装で、長い袖を振って男性にアピールするもの。それが振袖の由来なので、結婚したらもう袖を振る必要はないというわけです。

もし花嫁と親しい間柄であれば、お色直しに何を着るかを聞いておき、色やデザインなどがかぶらないよう心配りしたいものです。

# ご祝儀を渡す

## 受付で名乗ってから取り出す

結婚式や披露宴に招かれたら、たいていは祝儀袋にお金を入れたご祝儀を持参します。結婚祝いの祝儀袋の水引は「蝶結び」のものではなく、「あわび結び」や「結び切り」を使います（蝶結びは、ほどけたらまた結べる、ということから再婚を連想させるのでタブー）。

包むご祝儀の金額で気をつけたいのは、二万円、四万円といった偶数になること。これは、「二で割れる」「死（四）に通じる」に通じるため、昔からタブーとされています。

中国の陰陽思想の影響から、祝い事には「三三九度」や「七五三」などのように奇数がめでたい数とされており、二万円を包むときでも、一万円札と五千円札二枚で奇数枚にしたりします。表書きは、筆ペンなどの濃い文字でしっかりと書くこと。

当日、受付では、新郎側か新婦側かどちらの招待客であるかを告げ、名乗ってから祝儀袋を出します。この際、ポケットやバッグから祝儀袋を裸のままで出すのは失礼です。

## 祝儀袋は袱紗に包んで持参し、

祝儀袋はお祝いの気持ちを表す大切なものなので、袱紗《ふくさ》に包んで持参します。慶事の場合は、左手で袱紗を持ち、右手で開けた際に、表書きが見えるように（自分のほうを向いている）収めます。

受付では袱紗を手に持っておき、名乗ったあと、袱紗から祝儀袋を取り出します。それを袱紗の上にのせ、祝儀袋を右に回して正面が相手に向くようにしたら、袱紗ごと両手で持って差し出します。

袱紗をしまったら、芳名帳に記帳し、席が決まっている披露宴であれば席次表を受け取ります。

ちなみに「祝儀」とは、人生の通過点（出産・七五三・結婚など）を祝うための品物やお金のこと。贈られた側は「祝儀帳」を作り、いただいたものを記しておくというのが日本古来のしきたりです。祝儀袋の中包みに祝い金の金額と住所・姓名をきちんと書いておくのも、そのメモと同様、贈られた側のあとの整理に役立つことになります。

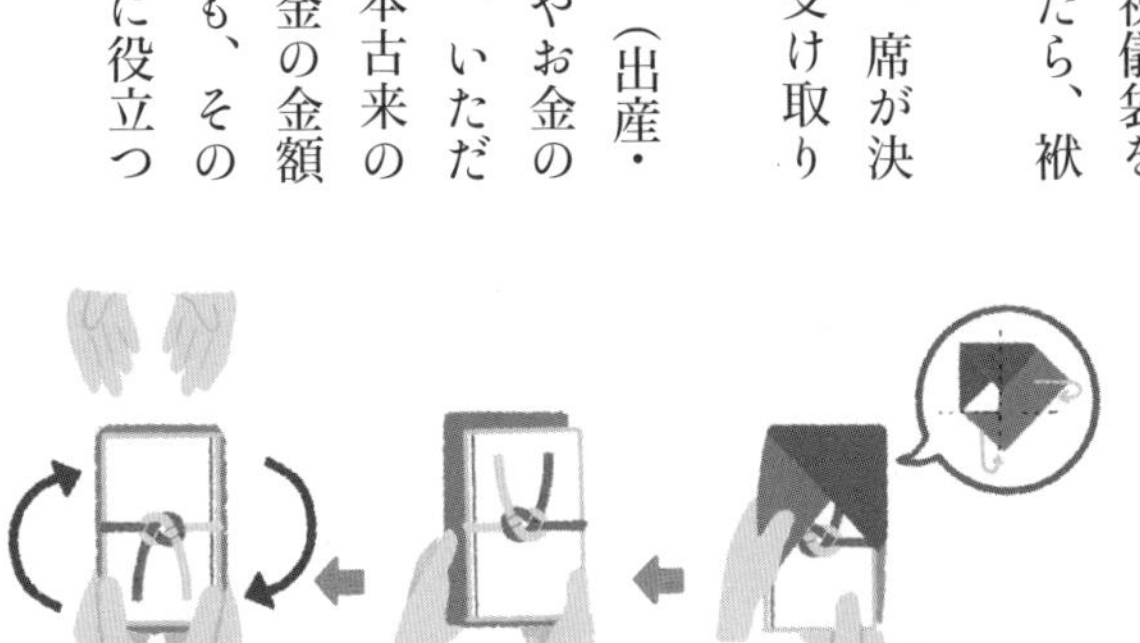

# 神前結婚式に出席する

日本では、古くから神道が日常生活と密接に関わっていましたが、現在のような神前結婚式が行われるようになったのは、明治時代以降のこと。明治三十三年に、当時の皇太子（後の大正天皇）のご成婚の儀式を手本にして、一般に広まりました。婚礼の儀式を婿方の家以外の場所で行うようになるのも、このご成婚からです。

神前結婚式の参列者は、係員の先導で、まず手と口を浄《きよ》める「手水《ちょうず》の儀」（P.170参照）を行って入場し、新郎新婦と血縁の濃い順に前から着席します。神殿に向かって右が新郎側、左が新婦側です。

その後、斎主（神主）が入場し、一同起立して修祓《しゅうばつ》の儀となります。修祓とはお祓《はら》いのことで、斎主は幣帛《へいはく》を振り、参列者の身を浄めます。幣帛についている白い紙にはケガレを除去する力があり、それを振ることで起きる風（それは神様の息吹）により、さらに身を浄める力を発生させると考えられているのです。

## 三三九度の正しい行い方

参列者は軽く頭を下げてそのお祓いを受け、お祓いがすんだら、神前

# 神式での着席までの作法と

に一礼します。斎主は続いて二人の結婚を神に告げる祝詞《のりと》を奏上。一同は起立したまま、つつしんで聞きます。その後、三献《さんこん》の儀（三三九度）、新郎新婦の誓詞《せいし》奏上《そうじょう》、玉串奉奠《たまぐしほうてん》、指輪の交換があり、親族固めの杯という式次第で進みます。

三献の儀では、まず大中小の三重《みつがさ》ねの盃のうち、新郎が小盃（一の杯）を両手で取り、巫女《みこ》にお神酒《みき》を三度に分けて注いでもらいます。新郎は一口目、二口目は口をつけるだけにし、三口目に飲み干します。その後、新婦も同様の手順で行います。

中盃（二の杯）は逆に、新婦が両手で取り、小盃と同様に三度に分けて注がれたお神酒を三度に分けて飲みます。その後、新郎も同様の手順で行います。最後は、新郎が大盃（三の杯）を両手で取り、小盃と同じように新郎、新婦の順で行います。

「三」は古来、縁起のよい数とされており、それを、このように新郎・新婦が三度、三度に分けて合計九回繰り返すことによって、固い縁を結ぶという意味が込められています。

なお、三献の儀で、酒を飲めない人は無理に飲まなくてもよいのですが、盃に口をつけて飲むまねだけでもしたいもの。盃には、神と人を結ぶ霊力があると、昔の人は感じていたからです。

# キリスト教式結婚式に出席する

## 讃美歌は歌詞を読むだけでも

キリスト教式の結婚式には、カトリックとプロテスタントの二つの宗派があります。それぞれの結婚観から挙式の手順に違いがあり、本来ならば信者が所属する教会で行われるべきものです。とくにカトリックの場合は一般的に、新郎新婦の両方か、どちらか一方が信者でなければ挙式することはできません。

最近は一〇組中七組までがキリスト教式結婚式を選んでいるといいますが、この場合、多くは結婚式場やホテル内に設置されたチャペル（礼拝堂）を利用しています。この挙式

## バージンロードは踏まないように

はほとんどがプロテスタント式で、信者でなくても自由に挙式ができるようになっています。

式に参列する場合、席次は聖壇に向かって右が新郎側、左が新婦側、一般参列者は三列目から後方となっているので、それに従って着席します。中央のバージンロードは新婦とその父親、新郎と媒酌人夫妻だけに歩くことが許された〝清らかな道〟です。一般参列者は壁側に沿って入場し、バージンロードに足を踏み入れないよう気をつけます。

式は、新婦とその父親の入場から始まります。その後、父親から新郎への新婦の引き渡しがすむと、全員起立して讃美歌の斉唱になります。あらかじめ歌詞が配られるので、知らなければ聞いているだけでもよいといいますが、周囲に合わせて小さな声で読むようにしたいもの。司祭の聖書の朗読や祈祷の間は、やや頭を下げて厳粛に耳を傾けます。

挙式にはクリスチャン以外でも参加できるのが特徴ですが、チャペルは神聖な場所です。とくに女性の場合、スリップドレスなど肌を出しすぎる服装は避け、チャペル内では上着やストールの着用で肌の露出を抑えるようにします。

また、黒一色のスーツやドレス、ワンピースもタブーです。黒一色の服装は弔事を連想させるからです。

# 披露宴・お色直し

## お色直しで衣装を着替える目的は？

結婚式のあとの新郎・新婦の文字どおりお披露目の宴が、披露宴です。この披露宴は、日本がまだ村社会だったころに始まったといわれています。嫁を村の外から迎え入れる場合、地域社会の人々に承認される必要がありました。そのため、やがてその家の主婦となる女性を披露して認めてもらう手続きとして、宴席を設けて招待し、手土産を配るというしきたりが生まれたのです。

その頃の披露宴は、新郎の自宅で行われました。戦後、式場や宴会場を完備した神社・ホテル・料理店、専門の結婚式場などが生まれ、今ではこれらの場所を利用するのが主流になっています。

披露宴の会場へ入るときは、入り口で出迎えの新郎新婦、媒酌人、両親に手短にお祝いを述べたあと、席次表に従って着席します。同じテーブルの人たちには会釈を。初対面の方がいたら、簡単な自己紹介をします。出席者はみな新郎新婦にゆかりのある人たちですから、気軽に歓談をしながら主役の二人を祝ってあげたいものです。

食事と並行してスピーチが始まるので、聞き終わったらスピーチをした人のほうに向いて拍手を。

もし自分がスピーチを頼まれた場合、長話は禁物です。せいぜい三分以内。結婚式での忌み言葉（切れる・別れる・倒れる・終わるなど）を避けること。また、くだけたつもりでも、過去の異性との内輪話、下ネタなどは絶対にノーです。

# 披露宴は誰に披露するものだった？

披露宴が進んでいくなかで、新婦が一時的に宴を離れ、装いも新たに再登場する「お色直し」が行われます。このお色直しは、昔、花嫁が実家の家紋をつけた白無垢で婚礼に臨み、式後は、嫁入り先の家紋をつけた衣装に着替えたことに始まるといわれます。また、結婚式という厳粛な儀式では清純を表す白無垢を着て、披露宴では別な着物に着替えたため、という説もあります。

もともとお色直しは女性だけが行うものでしたが、今では新郎もモーニングから紋付姿に着替えたりすることもあります。

披露宴がお開きになったら、席札、メニューなどは引出物の袋に入れて持ち帰るのがマナーです。入り口で見送りの新郎新婦にはお祝いの言葉を手短に。また、見送りのご両親にも、招待のお礼とお祝いの言葉を述べて会場をあとにします。

# お祝いの言葉をかける

## 短いながらも心を込めた挨拶を

披露宴会場の入り口には、新郎新婦と両親、媒酌人夫妻が招待客を出迎えるために並んでいます。

入場する際は、その前で足を止めて挨拶をしますが、来客が多い場合には、あとがつかえないよう短めに。一般的な挨拶である「本日はおめでとうございます」のほか、新郎新婦の友人なら、二人の晴れ姿への感想などをひと言プラスするのもよいでしょう。

ふつう挨拶をする場合、お辞儀をしながら挨拶の言葉を述べますが、礼法の流派で有名な小笠原流によると、「お辞儀と言葉は、それぞれ心を込めることが大切」とのこと。つまり丁寧な挨拶とは、「お辞儀をして、元の姿勢に戻ってから言葉を述べる」のだそうです。形式はともかく、入場する際も、またお開きで見送りを受ける際も、招いていただいたお礼を心から述べることです。

なお、結婚式の祝辞で「切れる」「終わる」「最後に」など、使ってはいけないとされる「忌み言葉」はよく知られていますが、それは挨拶の

## 会場に入るとき、出るときに、

ときも同様。

そのほかに、挨拶でつい出てしまいそうな忌み言葉として、「重ね言葉」があります。「たびたび」「ますます」「くれぐれも」「次々と」などです。これらの言葉は、「繰り返す」ことで「再婚」を連想させるからよくないといわれています。

それらの言い換えとしては、「新しいスタートを切る→新しい生活を始める」「会を終わる→会をお開きにする」「最後に→結びに」など。また、「ご多忙」「お忙しい」も「忙」の字に「亡（亡くなる）」が入っているので忌み言葉とされています。その言い換えは「ご多忙の中→ご多用の中」「お忙しいところ→ご多用のところ」です。

重ね言葉については「たびたび→何度も」「ますます→一段と」「くれぐれも→どうぞ、より一層」「次々と→ひっきりなしに」「いろいろ→たくさん」「さまざま→多様」など。

ただし、それらを気にするあまり、お祝いの挨拶がしどろもどろになる必要はありません。心を込めた「おめでとう」。それが二人とご両親への何よりの祝福です。

# 結納をする

## 家と家が結ばれるための儀式が、現在は簡略化の傾向に

結納は日本古来のしきたりで、家と家が結婚によって新しく結ばれるための重要な儀式でした。昔は結納を「結いの物」ともいい、両家が婚姻関係を結ぶにあたり、婿方が嫁方へ持参する酒・さかなのことで、それをともに飲食して祝いました。

現在の結納の方法や形式は、地域によって違いがあります。関西では、一般的に男性側からだけ結納品を贈るしきたり（いわゆる片道型）で、結納を「納める」といいます。一方、関東では男女双方からという形を取るので、結納品を「交わす」ということが多いようです。

二人の将来への願いが込められた結納品には、昔から長寿・健康・子孫繁栄などの縁起に関係のある品々（長熨斗《ながのし》・末広《すえひろ》・友《とも》志良賀《しらが》・子生婦《こんぶ》・寿留女《するめ》・勝男武士《かつおぶし》など）がありました。今はこれらを様式化したセット（正式には九品目、略式にして七品目、五品目など）が市販されています。

また、男性側から女性側へ結婚の支度金として贈る結納金も、月収の二〜三カ月分といわれていますが、本人の経済力に見合った額に抑えて、その分を婚約指輪にかけるケースも増えています。

いずれにしろ、最近では結納を省略し、内輪同士が集まって開く婚約パーティのような新しいスタイルも多くなっています。

# 仲人・媒酌人をお願いする

## お見合いから結婚までを取り仕切る「仲人」と、式当日だけの「媒酌人」

江戸時代の頃から、仲人《なこうど》はお見合いから結婚の段取りまですべてを取り仕切る重要な役割を担っていました。やがて見合い結婚が少なくなり、「媒酌人《ばいしゃくにん》」を立てるケースが多くなりました。

そのため仲人と媒酌人は混同されがちですが、仲人は縁談から結婚式までの世話をする人、媒酌人は「挙式当日の仲人」ということで、「頼まれ仲人」ともいいます。

式当日の媒酌人の役割は、二人が厳粛に挙式したことを披露宴の列席者に報告すること、そして新郎新婦の紹介をすることです。媒酌人を仲人(縁談を進めてくれた方)とは違う方にお願いする場合は、仲人にひと言挨拶をしておくこと。また、媒酌人には披露宴の席上で、仲人を必ず紹介してもらうようにします。

媒酌人には、二人のことをよく知っている方にお願いするのが理想的です。その際はあらためて二人の経歴、性格、なれそめなどを話して、紹介スピーチの参考にしてもらいます。また、披露宴にはどのような友人、会社の関係者が出席するのかなどを、二カ月前ぐらいにはお知らせしておくこと。

媒酌人へのお礼は、挙式の二、三日後に両家の親が媒酌人宅へうかがうのが正式です。その謝礼の金額は、媒酌人からいただいたお祝い金の二倍が一般的のようです。

# 式の席次を決める

## 招待客の序列や関係を考えて席決めを

　挙式・披露宴の日時、会場が決まったら、招待状を作成します。招待状の発送は、招待される方の予定や返信にかかる日数などを考えて、挙式の二カ月前か、遅くとも一カ月以上前には先方に届くようにします。そのためには印刷の日数（平均一〇日から二〇日）、さらに宛名書きの時間なども計算に入れておくこと。

　招待客は親戚、恩師、とくにお世話になった方、会社関係、友人など、双方がよく話し合い、両家のバランスを考えてリストアップする必要があります。なお、媒酌人や主賓、会社の上司などに前触れなしに招待状を送るのは失礼にあたります。できれば、それらの方々にはあらかじめ連絡をしておくなり、直接手渡すようにします。

　招待状の返事がそろったら、披露宴での席次を決めます。新郎新婦と媒酌人夫婦が座るのがメインテーブルで、これに近いほうが上座、メインテーブルに向かって左側が新郎側の関係者、右側が新婦側の関係者になります。席次は上座から決めていくのが順序で、最前列に主賓、続い

## 招待状の返事がそろったら、

て目上の方々（恩師・上司など）、先輩、友人、同僚、後輩、親戚、家族。両親は末席となります。

テーブルの並べ方には大きく分けて「ちらし型」と「くし型」の二通りがあり、テーブルを会場内に広く散らして配置するような形式が「ちらし型」です。和食のときによく見られるような長テーブルをくしのような形に並べて配置するのが「くし型」です。

ちらし型は、同じテーブルの人同士が会話しやすいのに比べ、くし型は格式こそありますが、会話の相手が限られます。いずれにしろ、席次というのは招待客のランク付けにもなることですから、失礼のないように注意が必要。職場の上司と取引先の招待客と、どちらが上席か、などと迷ったら、社内の先輩に相談してみることです。

ただ、序列だけに配慮しすぎると、知らない人同士が隣り合わせになり、話がはずまないということにもなってしまいます。なごやかな雰囲気を作りだすためには、知り合い同士の席を近づけたり、年齢や立場の近い人同士を同じテーブルにしたり、新郎と新婦の友人を同じテーブルにするなどの工夫も必要です。子ども連れで出席ということがわかっているような招待客の場合は、入り口に近い席を設けるようにします。子連れなので中座しやすいための心配りです。

# 引出物

## 平安時代から続く招待客への贈り物

結婚披露宴に招いたお客には、帰りに「引出物」を渡すのが通例です。このように、宴席の主催者から、招待客に物品を贈るという習慣は古くからありました。

平安時代の貴族たちの間では、馬を引き出して贈ったということが文献にあり、これが「引出物」の語源とされています。当時、贈るものは馬だけでなく、鷹や犬、あるいは衣服などもあったといいます。

鎌倉時代になり武家社会がやってくると、刀剣や弓矢などの武具も引出物に加わり、さらに砂金・銭、鶴・鯉、茶・昆布など、広範な品々が贈られるようになりました。

江戸時代になると、宴席の膳に添えて出す鰹節《かつおぶし》や焼いた鯛、あるいは鯛をかたどった落雁《らくがん》（干菓子の一種）などを「引出物」と呼ぶようになりました。

鰹節は、奈良・平安時代には「堅魚《かたうお》」と呼ばれ、税として納めていたほど珍重されており、日持ちがよいこともあって、引出物として扱われるようになりました。また鯛も、その姿・形の見事さや、七福神の恵比寿様に抱かれた魚であったことから、縁起の良い引出物とされました。

こうした引出物は土産として持ち帰り、宴に参加できなかった家族たちにも慶事を分かち合ってもらうという配慮もあったようです。

［知っておきたい礼儀作法］

# 懐妊・出産のしきたり

医療が発達していなかった時代、懐妊すると産神《うぶがみ》に庇護を求めて、祈りを捧げました。現代においても、赤ちゃんが無事に誕生することと健やかな成長を祈る思いは変わりません。そんな思いが懐妊・出産のしきたりとして、今なお続いています。

# 帯祝い

## 妊娠五カ月目の戌の日に岩田帯を巻いて、安産を願う

「帯祝い」は「着帯祝い《ちゃくたい》」ともいい、妊娠五カ月目に妊婦が、「岩田帯」と呼ばれる腹帯を巻くお祝いのことをいいます。この儀式は、妊娠五カ月目の戌《いぬ》の日を選んで行います。

なぜ戌の日かというと、イヌが多産で、お産が軽いことにあやかるようにとの願いから。また仏教で、イヌは、人の霊魂があの世とこの世の境界で行き来するのを守る役目をすると考えられていたこともあり、江戸時代から戌の日に行われるようになりました。

この日のために、妻の実家が岩田帯に使う白木綿《しろもめん》のほか、米や小豆などを贈り、「帯役」という子宝に恵まれた夫婦に立ち会ってもらうのが一般的です。当日は、妊婦の下腹部に岩田帯を巻き、家族や親しい人たちとともに、赤飯などを食べてお祝いをします。

岩田帯とは、もともと斎肌帯《いはだおび》から変じた言葉。「斎」は「忌み」という意味で、かつて出産はケガレと考えられ、帯祝いの日から出産の忌みに入るので、この腹帯を肌に着けて安産を願ったのです。

また、そうした信仰的な理由のほかに、岩田帯はお腹の胎児を守り、妊婦の腰痛や冷えを防ぐという、実用的な役割も果たしています。

# お七夜

## 出生七日目に命名式を兼ねて内輪で誕生を祝う

かつては赤ちゃんが出生して七日目になると、夫婦のほかに両家の両親などが集まり、内輪で「お七夜《しちや》」というお祝いをしました。

もともと平安時代の貴族階級では、子どもが生まれた日を初夜、三日目を三夜、五日目を五夜、七日目を七夜、九日目を九夜といって、奇数日に出産を祝う「産立《うぶだち》の祝い」の行事を催していました。

それが江戸時代に、七夜だけが行事として残り、この日に名づけ披露をして、お七夜と呼ぶようになりました。とくに徳川家では、お七夜を「命名の儀」として、諸大名から祝い品を受けるなど公式行事としました。それが庶民の間にも広まっていったといいます。

命名当日は、奉書紙などの中央に墨で「命名　〇〇〇」と決まった名前を書き、左側に誕生年月日を書き入れて、神棚の下や床の間の柱などに貼り下げるのが通例です。

# お宮参り

## 生後一カ月ごろに、近所の氏神様にお参りをし、赤ちゃんの成長を願う

お宮参りは、生まれてきた赤ちゃんの健やかな成長を願って、初めて家の外に連れ出し、近所の氏神様《うじがみ》にお参りすることです。「氏神」とはその地域の氏族の祖先を祀《まつ》る神で、お宮参りをすることによって氏子《うじこ》（氏神の子孫）の一員になるために行うものでした。

現在のお宮参りは、男子が生後三十二日目、女子が生後三十三日目に行うところが多く、地域によっては七十五日目、一〇〇日目と異なる場合もあります。

神社ではふつうに参拝するだけでもかまいませんが、お祓《はら》いをして祝詞《のりと》をあげてもらう場合は、あらかじめ社務所に申し込みをしておくようにします。その際、神主さんへの謝礼は、紅白の水引に蝶結びの祝儀袋で、「初穂料《はつほ》」「玉串料《たまぐし》」などと表書きをしておきます。

お宮参りの服装は、祖母や母親は紋付きの着物、父親は紋付きに羽《は》織袴《おりはかま》が正式とされ、赤ちゃんには母親の里方から贈られた祝い着をかけ、赤ちゃんを抱くのは父方の祖母という役割でした。

最近では赤ちゃんはベビードレス、祖母や母親も和服なら訪問着、洋服ならスーツ、父親も一般的にはスーツという傾向になっています。

# お食い初め

**生後百日目に行う儀式で、膳には料理のほかに、歯固めの小石を添える**

生まれて百日目に行う儀式が、「お食《く》い初《ぞ》め」です。この儀式は、子どもが一人前の人間として成長し、一生、食べ物に困らぬようにとの願いが込められているといわれます。

初めて母乳以外の食べ物を、箸を使って与えることから、「箸初め」「箸祝い」とも呼ばれ、地域によっては百日目に行うので「ももか（百日）」ともいいます。

この日は子どものために、小さいサイズの新しい茶碗、箸、膳などを用意します。正式な祝い膳は一の膳、二の膳とあって、一の膳には握り飯、鯉か鯛などの焼き魚、それに梅干しと小石を添え、二の膳には紅白の餅を添えます。

一の膳に使う小石は氏神の境内から拾ってきたもので、子どもの名前を書き、お食い初めのあとで拾ってきた氏神に納めます。小石を添えるのは、歯固めの意味が込められているといいます。

現在のお食い初めは、生後百日から百二十日目ごろに行うのが一般的ですが、いずれにしても料理は大人向けですから、子どもには形だけ食べるまねをさせて、この儀式を終えます。

# 初誕生祝い

## 子どもに餅を背負わせて歩かせる「歩き祝い」を行うところも

生まれて初めて迎える満一歳の誕生日には、昔から夫婦のほかに両家の両親たちも集まって盛大に祝いました。

地方によっては、この日のためについた餅を「力餅」「一升餅《いっしょう》」などと呼び、これを踏ませたり、風呂敷に包んで子どもに背負わせて歩かせたりする風習があります。あまりの重さに泣きだすと、泣けば泣くほど元気な子どもになるというのです。

このような風習は「歩き祝い」とも呼ばれ、できるだけ早く一人歩きができるようにとの願いが込められている一方、あまり早く歩き出すのはよくないという風潮があったからともいわれています。

いずれにしても、子どもの健やかな成長を願っての行事には変わりありません。

ちなみに、かつての初誕生祝いのお膳には、餅のほかに赤飯や尾頭つきの鯛などを供えましたが、最近の初誕生祝いでは、すっかりバースデイケーキに取って代わられています。祖父母が遠方の場合は、写真を送ったり、いただいた祝い金で子どもの貯金通帳を作って見せたりするなども、初誕生日の新しい祝いの形になりつつあります。

# 七五三

## 子どもの無事の成長を祝い、晴れ着を着せて、氏神様にお参りする

七五三とは十一月十五日に、三歳になった男女、五歳になった男子、七歳になった女子の成長を祝い、晴れ着を着せて氏神様を祀《まつ》っている神社に行き、お祓《はら》いを受ける行事です。現在では十一月中に行うようになっています（↓由来についてはP.119）。

かつては「七歳までは神のうち」といわれるほど、七歳までの死亡率が高かったことから、七歳まで無事に生きてきた子どもの成長を氏神様に見せて感謝する意味もあったということです。

祝い方は、神社に参拝のみをする場合と、神主さんにお祓いとご祈《き》禱《とう》をしてもらう方法があります。お祓いを受ける場合は「初穂料」「玉串料」と呼ばれる謝礼を納めます。

ちなみに、七五三に欠かせない千歳あめは、もとは江戸時代に浅草寺境内で売られていたものが、全国に普及しました。

千歳あめとは「千年生きる」、つまり「長生き」を表した名前であり、その形は細く長く、めでたいとされる紅白に着色されています。親が子どもの長寿を願って買い与え、参拝のあとでいただきます。

# へその緒

## 桐の箱に入れて、神棚に供え、子どもの守り神とする

病院や産院で無事、出産をすませると、母親の胎盤と胎児のへそをつないでいた「へその緒」（臍帯《さいたい》という）を、桐の箱などに入れて母親に渡します。へその緒は、懐妊中は母親から胎児に送られる栄養補給路でした。つまり、生命維持パイプとして、まさに親子の絆の原点ともいえるものです。

　かつては母親が退院して自宅に戻ると、へその緒を乾燥させて、産毛とともに紙に包んで桐の箱に入れ、その箱の表に子どもの姓名・生年月日・両親名を書いて神棚に供えました。

　そして、子どもが成人するまでは守り神として大切に保存し、子どもが大人になってからは、男ならば戦争などに出かけるとき、女ならばお嫁に行くときなどに、本人に手渡していました。

　また、このへその緒は、子どもが大病をしたときに煎じて飲ませると、一命を取りとめるとも考えられていました。

［知っておきたい礼儀作法］

# 葬式・法事のしきたり

死者を弔う儀式には、日本人ならではの宗教観、祖先信仰が表れており、多くの習わしがあります。

「慶事と弔事が重なるときは、弔事を優先しろ」といわれるように、これらの儀式はとくに重要とされ、心を込めて死者を弔い、冥福を祈ります。

# 訃報に接したとき

## 「とりあえずの弔問」で駆けつけるとき、気をつけるべきこと

突然訃報を受けた場合、故人との関係の深さによって対応は違ってきます。臨終直後に訃報を受けるのは、故人の親族のほか、ごく親しい友人に限られます。知らせを受けたら、まずはご遺体の場所を聞き、すぐに駆けつけるようにしますが、服装は普段着のままでかまいません。喪服では、用意がよすぎるようでかえって失礼です。

香典も持参しません。「とりあえずの弔問」ということで、お悔やみを述べたあと、通夜や葬儀に向けての手伝いを申し出ます。

遺族から電話で訃報があったときは、臨終の様子などを聞いたりせず、何かお役に立てることはないかをまず尋ねること。また、伝えてほしい交友関係があるかどうかも聞き、あれば連絡の代行を引き受けます。その場合、故人と自分の関係、亡くなった日時、決まっていれば通夜、葬儀の場所などを間違いなく伝えます。

とりあえずの弔問に伺う際、最後の別れの対面は遺族にすすめられない限り、自分のほうから申し出るのは避けます。対面をすすめられたら、亡き人の枕元までひざで進み、正座して一礼を。遺族が白い布を上げたら、静かに対面し、仏式の場合は合掌して一礼します。その後、少し下がって遺族に一礼して枕元を離れます。対面がつらすぎる場合は辞退してもかまいません。

# 通夜・お清めの席

## 通夜ぶるまいは故人を供養するもの 大声で話したり、長居は禁物

かつての通夜は、遺体を布団に寝かせたまま、遺族や近親者たちがろうそくと線香の火を絶やさずに、一夜を明かす儀式でした。最近の通夜は、納棺した遺体を祭壇に安置するのが一般的です。また、半通夜といって、夕刻から数時間ほど行われるようになっています。

通夜の席では、僧侶の読経、遺族と参列者の焼香があり、その後、供養に集まった人たちに、酒や軽い食事のもてなしがあります。これが〝清めの席〟での「通夜ぶるまい」というものです。清めの塩と同じように「酒は死のケガレを清める」という意味があります。

一人で参列した場合、通夜ぶるまいの席には立ち寄りにくいものですが、いただくことが故人の供養になるので、断らずにもてなしを受けるのが礼儀です。祭壇の写真などを見ながら、ひと口だけでも料理やお酒をいただく――、それが故人の冥福を祈ることになります。

お清めの席は、故人の思い出話をして供養をする場です。大声で話したり、長居したりは禁物。久しぶりに顔を合わせる人や知り合いが多数いたりすると、つい宴会のような雰囲気になりがちですが、遺族の方たちの心労を考えて、早めに腰を上げるようにしたいものです。

# 香典を渡す

## 袱紗に包んでいき、失礼のないように差し出す

通夜や葬儀、告別式に参列する際、香典を持参しますが、香典とは、本来は「亡き人に手向ける香やお花の代金」という意味です。

仏事では、花や供物とともにお香を供える習慣があるため、参列する人はお香を持参するのがしきたりでした。それが時代とともに、葬儀には多額の費用がかかるようになったことから、現金を包むようになっていきました。

香典は、受付で挨拶と弔辞を述べたあとに差し出します。その際、内ポケットやバッグから香典袋をそのまま出すのは、見苦しいうえに失礼です。出かける前に、香典を袱紗《ふくさ》に包んでいくのが礼儀。

弔事用の袱紗の色は、灰色・黒などにしますが、紫色の袱紗は慶弔の両用に使えるので一枚は用意しておきたいものです。

香典を渡すときは、袱紗を開いて香典袋を取り出し、係の人が香典袋の文字が読める方向に回して、両手で渡します。遺族のお宅へ直接うかがった場合にも、同じように香典袋を回して正面を向けてから渡します。（→渡し方についてはP.248）

なお、通夜と葬儀の両方に出席する場合は、どちらか一方で香典を渡すのが一般的で、通常では通夜で渡します。

# 香典の額と袱紗の包み方

## 不祝儀に新札を使うのはNG 袱紗も不祝儀の場合の包み方で

香典でいくら包めばよいか迷ったときは、「慶事には少なく、弔事には多く」という言葉があるように、少し多めがよいとされてきました。もっともこれは、葬儀で何かと負担がかかるので、近隣・親戚同士の相互扶助の名残ともいえるようです。

包む金額は、付き合いの程度や自分の社会的立場などもありますから、知人や仕事上の付き合いがある関係者に聞くなどして参考にするのもよいでしょう。

中に入れるお札は、結婚式などご祝儀の場合は、折り目のない新札がよいとされていますが、不祝儀の場合は少し使ったものを用意しましょう。

新札を使うときは、わざと二つ折りにして折り目をつけるとよいといいます。これは、新札を入れると〝故人の死を待っていたのでは〟と遺族に思われるのではないか、という気づかいから生まれたようです。（↓表書きについてはP.164）

香典を袱紗《ふくさ》に包むときの包み方は、まず袱紗を広げて置き、内側の中央やや右寄りに香典袋を置きます。その後、右端を折って香典袋にかぶせ、次に地の部分にあたる下の隅を上に折り返してかぶせます。それから、上側の天にあたる部分を折り下げてかぶせ、残りの左側を折り重ねます。これが不祝儀の場合の包み方になります。

# 焼香をする

## どのような手順で、何回あげればよいか

通夜や葬儀、告別式の際に行う焼香は、霊前を清め、香を死者に手向ける儀礼です。香炉で抹香をたいたり、線香をともしたりします。

焼香は僧の読経の間に行われ、その順番は、故人ともっとも近い家族、続いて親戚縁者、知人・友人などの順で行います。

会葬者は自分の番がきたら祭壇の前に進み、遺族と僧侶に一礼してから、祭壇正面に向き直り、遺影に一礼、合掌します。

次に、抹香を右手の親指、人指し指、中指でつまみ、軽くいただいて（目の高さまで上げ）、香炉の火にパラパラとまくように落とします。宗派によって若干異なり、たとえば、浄土真宗では香は押しいただかず、そのまま香炉に落とすのが正式とされています。

回数も宗派によって異なりますが、一般的には三回つまみます。これは「仏（悟りを開いた人）・法（その教え）・僧（教えを受けて修行する者）」に献じるためといわれますが、とくに定めがないので、一回でも二回でもかまいません。参列者が多い場合は一回ですませるようにします。

焼香がすんだら遺影に向かい、合掌して冥福を祈ります。それから二〜三歩下がり、最後に遺族と僧侶に軽く一礼して自席に戻ります。

# 出棺

## 最後に「別れ花」を行い、小石で棺の蓋を打ちつける

昔は、出棺前に参会者一同が会食する習慣があって、これを「出立《いでた》ちの飯」「出立ち膳」などといいました。この会食が終わると、夜を待って、遺体を埋葬場や火葬場まで大勢の人たちが列を作って見送る「野辺《のべ》送り」が行われました。

現在は告別式が終わると、棺を霊柩車に乗せる前に、遺族や近親者たちが故人と最後のお別れの対面をします。その際、祭壇に供えられていた生花を、遺体の周りに敷きつめますが、これを「別れ花」といいます。

そして、棺の蓋《ふた》に釘を打ちつける「釘打ち」の儀式を行います。釘打ちは喪主から始めて遺族・近親者の順に行い、手にした小石で軽く二回ずつ打ちつけます。

このとき小石を使うのは、金槌などを霊が嫌うためとも、この小石が三途の川の石を表し、この川を無事渡れるようにとの願いが込められているともいわれます。

出棺は故人と親しかった人たちが担ぎ、霊柩車に足のほうから入れます。火葬場に向かう車が出るときは、会葬者一同、合掌して見送ります。

ちなみに、江戸時代までは土葬が多かったのですが、明治以降、東京都をはじめ土葬を禁止する自治体が多くなり、現在は火葬が主となっています。

# 神式の葬儀に参列する

## 神前に玉串を捧げ、“忍び手”で拝礼する

神式の葬儀は仏式と違い、葬儀場には忌《い》み竹を立て、注連縄《しめなわ》が張られ、設けられた祭壇には、榊《さかき》・花をお供えします。

参列者は、斎場に入る前に手を浄め、口をすすぐ「手水の儀《ちょうずのぎ》」（P.170参照）を行います。これは、神前へ進む前に身のケガレを落とすための作法です。

斎場に入ったら、玉串を捧げます。まず神官から玉串を受け取りますが、このとき、右手で玉串の根元をつまむように持ち、左手は葉の部分を下から支えます。そのままの形で神前へ進み、三歩手前で玉串を目の高さまで押しいただきます。

それから左右の手を持ち替えて、枝の根元が向こう側になるように時計回りに回し、前に進んで神前の台に置きます。

その後、二礼二拍手一礼をします。このときの拍手は〝忍び手〟といって音をたてないのが作法です。終わったら前向きのまま三歩後退し、神官と遺族に一礼をして席に戻ります。

ちなみに、神前に捧げる「玉串」に榊の枝が用いられるようになったのは、昔から神霊が宿る木と信じられていたからです。榊の葉が常緑のため、「栄木《さかき》」（栄える木）という縁起のよい名前だったこともあります。

# 献花をする

## お花の美しい手向け方、黙祷をするときの作法

キリスト教式の葬儀では、仏式のような焼香にあたるものはありません。亡くなった人の霊を慰めるため、献花を行う場合が多いようです。

ただし、これは日本だけの風習です。キリスト教だけでなく、故人が無宗教の場合の葬儀でも、お別れのセレモニーとして献花が行われることがあります。

献花では順番がきたら進み出て、まず祭壇に向かって一礼します。花を受け取るときは、花が右側にくるようにし、左手は根元の近くを上からつまむようにして、両手で持ちます。受け取ったら、花を押しいただいて一礼します。

そのままの形で花を胸の高さに持って、献花台へ進みます。献花台の前でまず一礼し、茎の根元を一度自分のほうへ向けてから、左右の手を持ち替えて花を回し、根元を献花台に向けて台の上に置きます。

そのまま少し下がり、黙祷をして祈ります（このとき信者であれば、十字を切るか、胸の前で手を組みますが、信者でない場合はふつうに手を合わせるか、起立の姿勢で少し頭《こうべ》を垂れるだけでかまいません）。

最後に、牧師（または神父）と遺族に一礼して席へ戻ります。

なお、カトリックの場合、教会での献花が許されないこともあります。

# 遺族へ挨拶をする

## どんな言葉がふさわしいか、宗教の違いも考えて

弔問に訪れた際、遺族や喪主への挨拶は、どのようにいえばよいのか迷うものですが、〝お悔やみの言葉は短く、少ない言葉で〟がマナーです。

「このたびはどうも……」「突然のことで……」「なんと申し上げてよいか……」というように、途中で言葉を切って一礼するだけで十分とされています。何か気の利いたことをいわなくては失礼なのでは、ということはありません。

注意したいのは、お悔やみの言葉は宗教によって違いがあるということ。よく使われる「このたびはご愁傷《しゅうしょう》様です」「お悔やみ申し上げます」「ご冥福をお祈りいたします」などは、仏式だけの言葉で、キリスト教や神式に使うのはタブーです。

神式で行われるのは、故人の体から霊を移す「神霊祭」（御霊《みたま》移し）と呼ばれる儀式です。そのため「御霊《みたま》のご平安を……」「拝礼させていただきます」などの挨拶になります。

キリスト教式の葬儀では、死は神様のもとへ召されると考えられているので、「安らかにお眠りくださいますようお祈りいたします」などが使われます。

なお、どの宗教にも通じるのが、「お別れさせていただきます」「お参りさせていただきます」という言葉です。

# 忌中と忌明け

## 忌中、喪中の期間とは？その間にすべきこと・してはいけないこと

死者が出た家族は一定期間、喪服を着て日常とは異なった生活をするのが習わしとされ、それを「喪に服す」といいます（「忌《い》みに入る」ともいう）。

一般的に「喪中《もちゅう》」は一年間で、「忌中《きちゅう》」は四十九日の法要までを指します。

仏教の多くの宗派では、死後四十九日間は、死者の霊がたどり着くところが決まっていないため、残された者たちが供養しなければならないとされています。そこでこの間、死者の追善として僧侶を招き、読経・供養の法要（法事ともいう）をしていました。

四十九日までの間、七日目ごとに忌日があり、かつては七日目に「初七日《しょなぬか／しょなのか》」、十四日目に「二七日《ふたなぬか／ふたなのか》」などと法要をしていました。現在は地域によって異なりますが、初七日、三十五日目の「五七日《いつなぬか／いつなのか》」、四十九日目の「七七日《なななぬか／なななのか》」に法要を行うなど、簡略化されてきています。

喪の期間中、残された者は念仏を唱え、社交的な行事に加わらず、四十九日の忌明けまでは一切の生臭物と呼ばれる魚などを口にせず、正月の行事もすべてやめて、ひたすら喪に服しました。

現在は、こうした習わしがほとんど失われ、翌年の正月を前にして年賀欠礼の通知を出す程度になっています。

# 法事に参列する

## いつ行われる？　その際の作法とは？

死後、満一年を経た一周忌の祥月《しょうつき》（死亡した月）命日に、法要（法事）を営み、死者の冥福を祈ります。このように、毎年回ってくる忌日の法要を「年忌《ねんき》」あるいは「遠忌《おんき》法要」といいます。

「法事」とは、死者の冥福を祈ることを意味する言葉でしたが、江戸時代になって、今のような「年忌供養」の意味で使われるようになりました。平安時代には行事としては、宗派や地方によって異なりますが、僧侶に塔婆《とうば》を書いてもらって墓場に立てたり、僧侶を自宅に呼んでの読経のあと、近親者や縁者が供養の飲食をともにしたりします。

出席する際の服装は、一周忌、三回忌までは喪服に準ずるのがよいとされています。それ以降の法要は少しずつ簡略化していくため、服装も喪服を着なければならないという雰囲気は薄れてきます。

原則的には、施主でなければ軽めの服装でかまいません。ただし、軽いといっても、あまりに簡略化しすぎた服装では、故人をしのぶ場にはふさわしくないので、男性であれば、ダークグレーのスーツといった感じの平服がよいでしょう。ネクタイは、法要の場合は地味な感じのものであれば黒でなくてもかまいません。女性は地味な雰囲気のワンピースやスーツにします。

なお、忌日《きにち》供養のための法要は、故人が亡くなってからの日数で、だいたいいつごろになるか見当がつくもの。親戚はもちろん、親しい友人であれば法要の日にちを予定しておきたいものです。

## 一周忌、三回忌……年忌法要は

年忌は、死去した年の翌年に行う一周忌のあと、その翌年に三回忌を行います。これは、三回忌以降は死去した年も年数に入れるためで、数え方が一年減ります。

その後、七回忌、十三回忌、十七回忌、二十三回忌、二十七回忌、三十三回忌、三十七回忌と、奇数の三と七を重ねた年の年忌が続きますが、一般的には、三十三回忌に弔い上げとして大きく法要を行い、そこで終わりとします。五十回忌、百回忌もありますが、法要を行うのは故人が著名な場合に限られているようです。

時代によっては一年だけで終わったり、あるいは三年だったりしましたが、鎌倉時代から室町時代ごろには三十三回忌に永代供養をし、あとは打ちきったといいます。また、三回忌、七回忌などの年忌のときに、墓石を建てる宗派もあります。

# 香典返し

## 四十九日の忌明け後に贈るか、「即日返し」にするか

仏式の場合、一般に四十九日の忌明け後に香典返しを贈る風習があります。お返しは必ずしなくてはならないという性質のものではありませんが、遺族からのお礼として品物を贈ります。その額は「半返し」といわれているように香典の二分の一、または三分の一ぐらいがよいでしょう。

香典返しの品物に、お茶や海苔、石けんなどがよく使われるのは、使いきって、あとに残らないものという意味があるからだといいます。掛け紙は黒白の水引で、表書きは「志」とし、挨拶状を添えます。

また、最近の傾向として、「即日返し」があります。これは通夜や葬儀の当日にお返しをしてしまうことで、香典帳の整理や配送料など、余計な手間が省けるという理由からです。

この場合、いただいた香典の額はわかりませんが、とりあえず会葬者に一律の額の品物（一般に二〇〇〇〜三〇〇〇円相当）をお渡しします。そのため、高額な香典をいただいた方には、後日、あらためて挨拶状と品物を贈る必要があります。

おもな参考文献


『平凡社大百科事典』（平凡社）
『世界大百科事典』（平凡社）
『日本大百科全書』（小学館）
『万有百科大事典』（小学館）
『日本史広辞典』（山川出版社）
『日本風俗史事典』（弘文堂）
『日本民俗事典』（弘文堂）
『日本年中行事辞典』鈴木棠三（角川書店）
『民間信仰辞典』桜井徳太郎・編（東京堂出版）
『広辞苑』（岩波書店）
『例解新漢和辞典』（三省堂）
『学研漢和大字典』（学習研究社）
『新歳時記　増訂版』高浜虚子・編（三省堂）
『暮らしのこよみ歳時記』岡田芳朗（講談社）
『年中行事を「科学」する』永田久（日本経済新聞社）
『歳時の文化事典』五十嵐謙吉（八坂書房）
『別冊太陽　日本を楽しむ暮らしの歳時記』春夏秋冬 各号（平凡社）
『飲食事典』本山荻舟（平凡社）
『暮しの図鑑』（主婦と生活社）
『語源大辞典』堀井令以知・編（東京堂出版）
『現代こよみ読み解き事典』岡田芳朗・編著、阿久根末忠・編著（柏書房）
『日本社会の歴史』上・中・下巻・網野善彦（岩波書店）
『古文書入門ハンドブック』飯倉晴武（吉川弘文館）
『民俗学がわかる事典』新谷尚紀・編著（日本実業出版社）
『日本人の葬儀』新谷尚紀（紀伊国屋書店）
『目からウロコの民俗学』橋本裕之・編著（ＰＨＰ研究所）
『美しい食事のマナー』ＪＡＬアカデミー・監修（成美堂出版）
『小笠原流礼法入門』小笠原清忠（アシェット婦人画報社）
『結婚のしきたりと常識事典』（主婦の友社）
『新冠婚葬祭マナー事典』近藤珠實・監修（高橋書店）
『21世紀の冠婚葬祭マニュアル』近藤珠實・監修（ＮＨＫ出版）
『冠婚葬祭・暮らしのマナー大百科』松本繁美・監修（日本文芸社）
『美しいテーブルマナー』松本繁美・監修（日本文芸社）
『冠婚葬祭　暮しの便利事典』（小学館）
『暮しに生きる　日本のしきたり』丹野顯（講談社）
『日本のしきたり――開運の手引き』武光誠・編著（講談社）
『グルメ以前の食事作法の常識』小倉朋子（講談社）
『淑女のライセンス』梅田晴夫（読売新聞社）
『神秘の道具　日本編』戸部民夫（新紀元社）
『人生のシキタリ一覧の本』（日本実業出版社）
『神道の世界　神社と祭り』真弓常忠（朱鷺書房）
『365日　縁起・風習読本』重金碩之（啓明書房）
『心に響く大人の新常識』近藤珠實・監修（オレンジページ）
『すぐに役立つマナー事典』岩下宣子・監修（ナツメ社）
『日本の風習』武光誠（青春出版社）
『日本の神々と仏』岩井宏實・監修（青春出版社）
『日本人の源流』小田静夫・監修（青春出版社）
『日本の「行事」と「食」のしきたり』新谷尚紀・監修（青春出版社）
『図説 暮らしとしきたりが見えてくる江戸しぐさ』越川禮子・監修（青春出版社）
『大人のマナー ご贈答の便利帳』城田美わ子（青春出版社）
『「男のマナー」にはツボがある！』城田美わ子（青春出版社）
『大人のマナー 和の作法便利帳』知的生活研究所（青春出版社）
『新版 大人のマナー便利帳』知的生活研究所（青春出版社）

本文デザイン・DTP　本橋雅文（orangebird）
https://orangebird.net

イラスト　宮下 和
https://miyashitanodoka.com/

編集協力　佐藤雅美、出雲安見子
構成協力　菅野 尚、滝沢てるお、児玉幸彦

---

※本書は『日本人のしきたり』『日本人 数のしきたり』『日本人 礼儀作法のしきたり』（いずれも青春新書インテリジェンス・シリーズ）をもとに再構成し、新たな情報を追加してまとめたものです。

**監修者紹介**

**飯倉晴武**（いいくら はるたけ）

1933年東京生まれ。東北大学大学院修士課程（日本史専攻）修了。宮内庁書陵部図書課首席研究官、同陵墓課陵墓調査官等を歴任。93年退官後は、奥羽大学文学部教授、日本大学文理学部講師等を経て、現在は著述に専念している。シリーズ150万部を突破した『日本人のしきたり』『日本人 数のしきたり』『日本人 礼儀作法のしきたり』（いずれも小社刊）などの編著・監修書がある。


絵《え》と文《ぶん》で味《あじ》わう 日本人《にほんじん》のしきたり

2023年10月15日　第１刷

監 修 者　飯《いい》 倉《くら》 晴《はる》 武《たけ》

発 行 者　小 澤 源 太 郎

責任編集　株式会社 プライム涌光
電話　編集部　03(3203)2850

発 行 所　株式会社 青春出版社
東京都新宿区若松町12番１号 〒162-0056
振替番号　00190-7-98602
電話　営業部　03(3207)1916

印刷　二松堂　　製本　ナショナル製本

万一、落丁、乱丁がありました節は、お取りかえします。

ISBN978-4-413-11401-1 C0039